Das basische Rezeptebuch -
128 leckere basische Rezepte und säurearme Alternativen: Gesundheit stärken und Gewicht verlieren

Lesehinweise

Die Rezepte sind für den Durchschnittsbürger konzipiert, der sich basischer ernähren möchte, aber nicht grundsätzlich den Konsum säurehaltiger Produkte ausschließt. Wer also gerne ab und zu bei einer Grillparty ein Steak isst und an einer Familienfeier auch ein Glas Sekt trinkt, wird hier genügend Inspirationen finden, wie auch er oder sie sich möglichst basisch ernähren kann.

Sich basisch als Durchschnittsbürger ernähren heißt nicht komplett auf säurehaltige Produkte verzichten zu müssen, sondern diese deutlich zu reduzieren. Hierfür werden Sie einige Rezepte kennenlernen, beispielsweise wie man mit grünem Tee der Übersäuerung Einhalt gebieten kann, ohne gänzlich auf das (säurebildende) Koffein verzichten zu müssen.

Grundsätzlich verzichten die Rezepte auf Fisch und Fleisch. Einzelne tierische Erzeugnisse (z.B. Butter) oder koffeinhaltige Produkte (z.B. grüner Tee) können in geringen Mengen vorkommen. Trotzdessen sind alle Gerichte in ihrer Gesamtwirkung basisch, wenn auch einzelne Bestandteile säurehaltig sein können.

Für alle Zutaten in den Rezepten wurde deswegen darauf geachtet, dass es leicht erhältliche, vegane Alternativen gibt. Wenn also „Butter" im Rezept steht, kann man auch „Vegane Butter" verwenden. Umgekehrt gilt dies natürlich auch: Steht im Rezept beispielsweise „Vegane Butter", kann man auch handelsübliche Butter verwenden.

Wer sich nicht „nur" basisch sondern wirklich „100% basisch zu jeder Zeit" ernähren möchte, muss entsprechend grundsätzlich auf koffeinhaltige/tierische Produkte (= säurebildend) verzichten. Nun jedoch viel Vergnügen beim Stöbern in den Rezepten!

Einleitung

Herzlichen Willkommen zu diesem Buch. In diesem Werk geht es um gesunde, nahrhafte und leckere, basische Rezepte. Lauter leckere Gerichte, die einfach vorzubereiten sind und dem Körper die nötige Energie für den Tag liefern. Darüberhinaus möchte ich Ihnen in diesem Buch die Grundzüge der basischen Ernährung und des entsprechenden Lifestyle näherbringen. Das Buch ist so konzipiert, dass sogar komplette Neulinge schnell ein solides Verständnis für die Materie aufbauen werden: Einfache Sprache, verständliche Erklärungen und praxisorientiert

Dieses Buch ist für Sie, wenn:
- Sie das Gefühl haben, dass Sie mehr Energie im Alltag brauchen
- Sie lernen wollen gesund zu kochen, aber von den vielen Möglichkeiten überwältigt sind
- Sie schon Veganer/Vegetarier sind und nun mehr auf den Säuregehalt Ihrer Nahrungsmittel achten wollen
- Sie auf der Suche nach einem einfachen und natürlichen Weg der Gewichtsabnahme sind, ohne Ihrem Körper die nötigen Nährstoffe vorzuenthalten
- Sie den Verzehr tierischer Nahrungsmittel reduzieren wollen und sich über entsprechende Alternativrezepte informieren wollen
- Sie auf der Suche nach einer natürlichen, ganzheitlichen, pflanzlich-basierten und entzündungshemmenden Ernährungsweise sind
- Sie keine Lust haben stundenlang in der Küche rumzustehen und trotzdem gesund essen möchten
Ca

Die basische Ernährung – Der „Gesunde Menschenverstand"-Ansatz
Die basische Ernährung ist keine Diät, sondern ein Lifestyle/Lebensstil. Ziel ist es, dem Körper alle nötigen Nährstoffe zuzuführen, ohne sich erschöpft und übersäuert zu fühlen. So erreicht man das maximale Wohlbefinden und größtmögliche Gesundheit. Zuviel Säure im Körper kann zu Depressionen und depressiven Symptomen, Krankheit und Übergewicht führen.
Dr. Robert O' Young, Forschungsleiter des pH Miracle Living Center sagt, dass unser Körperfett uns vor den schädlichen Auswirkungen von zu viel Säure im Organismus schützt. Einer seiner Merksätze lautet: „Es gibt nur eine Krankheit: Die ständige Übersäuerung des Körpers" (There is only one disease: The Constant Acidification of the Body)
Folgen wir dieser Logik, dann lassen sich zahlreiche Leiden auf die Übersäuerung des Organismus zurückführen, z.B. Übergewicht. Verarbeitete Lebensmittel, Zucker, gluten- und hefehaltige Speisen, Fleisch und Fleischprodukte, Stress, Alkohol, Tabak, Drogen, Koffein und Luftverschmutzung: All dies kann den Körper übersäuern.

Glücklicherweise können wir mit der basischen Ernährung dem etwas entgegensetzen – und zwar auf natürliche Weise. Ich rede hier nicht über das absolut überteuerte „Superfood“, welches nach Exotik klingt, im Bioladen angepriesen wird und unter unwürdigen Arbeitsbedingungen in armen Ländern hergestellt wird! Viel mehr möchte ich Ihnen die einfachen und dennoch funktionierenden Methoden aufzeigen, die für jeden Geldbeutel umsetzbar sind. Für mehr Gesundheit und ein besseres Körpergefühl. Selbst wenn Sie die basische Ernährungsweise in einer lockereren Form umsetzen wollen (beispielsweise indem Sie am Wochenende und bei Feiern Fleisch essen), können Sie profitieren. Sie werden überrascht sein!

Sobald man nun also das Grundproblem erkannt hat (Übersäuerung), kann man Lösungsmöglichkeiten effektiv umsetzen. Am Einfachsten, indem man einen Lebensstil mit vielen basisch wirkenden Nahrungsmitteln umsetzt.

Eine gute Bekannte von mir ist eine Mitten im Leben stehende 42jährige, alleinerziehende Mutter von drei Kindern. Sie hat inzwischen wieder einen ordentlichen Job und die sind Kinder aus dem gröbsten raus. Dennoch leidet sie seit Jahren an Übergewicht. Nicht viel, aber eben ein paar Pfunde hier und da. Sie hat schon viele Abnehmprogramme probiert und obwohl einiges halbwegs funktioniert hat (insbesondere die Diäten, welche die Gewichtsabnahme mit Sport verbunden haben – es ist ja nicht so, als ob Bewegung nicht hilfreich wäre), war irgendwann immer Schluss. Zumeist, weil sie mit drei Kindern immer unter Zeitdruck stand. Die Folge? Schlechte Essgewohnheiten – es musste immer schnell gehen: Fastfood, stark verarbeitete Lebensmittel und viel zu viel qualitätsmäßig bedenkliches Fleisch. Bald schon hatte sie deswegen mit ständigem Sodbrennen zu kämpfen.

Erst als sie sich der basischen Ernährungsform zugewendet hat wurde es besser. Dabei nahm sie die Ernährungsweise nicht all zu streng. Dennoch hat sich ihr Sodbrennen deutlich gebessert. Sie hat weiterhin (in ihrer begrenzten Freizeit) Sport gemacht und auf ihre Ernährung geachtet. Diesmal ging es jedoch viel leichter von der Hand. Sie nahm tatsächlich signifikant ab, ohne sich zu viel Gedanken über jede einzelne Mahlzeit machen zu müssen. Sie fühlt sich inzwischen deutlich fitter, gesünder und – zu meiner Schande – lässt mir beim 10-Kilometer-Lauf keine Chance. Letzteres, weil Laufen gehen ihr richtig Spaß macht, seitdem ohne Übersäuerung es ihr am nächsten Tag nicht mehr überall wehtut.

Leitsätze

Einige einfache Leitsätze stelle ich Ihnen nun vor, damit auch Sie einen möglichst einfachen Einstieg in die Welt der basischen Ernährung und den entsprechenden Lifestyle haben. Diese Leitsätze sind durchaus mit anderen Ernährungsformen kompatibel (Glutenfrei, Vegetarisch, Vegan) und sollen nicht als unfehlbares Dogma betrachtet werden, sondern als Anregung und Hilfsmittel. Welchen Punkten Sie persönlich mehr oder weniger Beachtung schenken liegt ganz bei Ihnen:

1. **Nein zu Cola, Softdrinks und stark verarbeiteten Lebensmitteln**

Diese „Nahrungsmittel" strotzen nur so von Additiven und Konservierungsstoffen. Sie bringen den Hormonhaushalt durcheinander, machen einen müde und erhöhen den Säuregehalt des Körpers. Stark verarbeitete Lebensmittel kommen entwicklungsgeschichtlich erst seit Kurzem in unserer Ernährung vor (der Ackerbau beispielsweise ist in biologischen Zeiträumen betrachtet sehr jung, weswegen manche Menschen immer noch Probleme mit Getreideprodukten haben: Stichwort Gluten). Viel zu wenig Zeit, um über die natürliche Evolution unsere Körper daran umfassend anzupassen. Erst recht bei stark verarbeiteten Nahrungsmitteln. Interessanterweise sind die Nahrungsmittel auf denen „kalorien- und fettarm" draufsteht die schlimmsten, da diese mit Zucker oder Zuckerersatzstoffen förmlich vollgepumpt sind. Möchte man auf natürliche Weise abnehmen, dann muss man sich natürlich ernähren. Mit ECHTER Nahrung. Lebendiger Nahrung. Nahrung, die nährstoffreich ist und unseren Blut-pH-Wert fast wie von selbst auf den für den Menschen idealen Wert 7,35 einpendeln lässt.

2. **Mehr unverarbeitete Lebensmitteln konsumieren**

Besonders Gemüse und Früchte (mit relativ niedrigem Zuckergehalt wie Zitronen, Grapefruit, Tomaten etc.) unterstützen die basische Ernährung.

3. **Weniger tierische Produkte essen**

Tierische Produkte lassen den Säuregehalt des Körpers in die Höhe schnellen. Sie müssen deswegen das Fleischessen nicht gänzlich aufgeben – es schadet jedoch nicht, zumindest einige Produkte durch pflanzliche Alternativen zu ersetzen.

4. Viel Wasser trinken

Keine Softdrinks, keinen Marketing-Gag-Schnickschnack wie „besonders reich an Luft und Vitaminen“: Einfach nur ehrliches, sauberes Trinkwasser.

5. Genießen Sie ruhig Gemüsesäfte

Eine hervorragende Möglichkeit den Körper mit Nährstoffen zu versorgen und gleichzeitig ein leckeres Getränk zu genießen. Gemüsesäfte wirken basisch, entzündungshemmend und können auch gut beim Gewichtsverlust nachhelfen. Wenn man will, kann man Gemüsesaft als einen der besten gesunden Abnehmdrinks überhaupt bezeichnen.

6. Weniger verarbeitetes Getreide, „schlechte Kohlenhydrate“ und Hefe

Das Gluten ist nicht das einzige Problem vieler Getreideprodukte – es ist ebenso der säuretreibende Effekt. Es spielt durchaus eine Rolle welche Kohlenhydrate man konsumiert: Quinoa (glutenfrei) oder brauner Reis sind beispielsweise eine recht gesunde Wahl. Natürlich sollte man den Konsum von Weißbrot und Co. minimieren – und auch Toast und sonstigen stark verfremdeten Produkten, die weit weg vom natürlichen Original sind. Inzwischen gibt es so viele Möglichkeiten auf glutenfreie und möglichst natürliche Getreideprodukte zurückzugreifen, sodass Niemand auf sein geliebtes Brot verzichten muss – wenn man ein wenig auf die Zutatenliste achtet.

7. Weniger Koffein für mehr Energie

Glauben Sie mir: Kaffee und Co. sind auf Dauer mehr Fluch als Segen. Ihr Körper stumpft früher oder später einfach ab – es bleiben nur die negativen Effekte. Das mag auf den ersten Blick etwas drastisch wirken und steht im totalen Gegensatz zu all den Artikeln da draußen, wie gut den Kaffee und Koffein seien.

Nun ja, wenn ich ein großer Anbieter von Kaffeeprodukten wäre, dann würde ich durchaus auch dem ein oder anderen Blogger oder mancher Zeitung einen entsprechenden, vorteilhaften Artikel nahelegen –außerdem gibt es immer wieder Forschungsprojekte, die ja von irgendwem finanziert werden wollen. Den Rest können Sie sich hoffentlich selbst denken…

…was natürlich nicht heißen soll, dass sie ab sofort keinen Kaffee mehr trinken sollten. Ich mag ihn selber und will ungerne auf meine Frühstückstasse verzichten – aber danach ist Schluss! In Mäßigung liegt oft der Schlüssel zum Erfolg. Leider gewöhnen sich viele Menschen an, die Getränke über den ganzen Tag zu konsumieren. Das ist viel zu viel: Man wird dadurch nicht wacher und fitter. Es hilft einem nicht wirklich die restlichen drei Stunden in der harten Schicht durchzustehen. Das einzige was man erreicht ist eine Übersäuerung des Körpers.

Manche steigen auf grünen Tee um. Lassen Sie es mich so sagen: Es ist, als wenn man von Zigaretten auf E-Zigaretten umsteigt. Vielleicht ein wenig „weniger schlimm“, aber immer noch „ungesund.“ Trotz dessen hat grüner Tee natürlich auch seine positiven Seiten (so wie der Kaffee): Er enthält viele Antioxidanten und ist in Maßen genossen absolut unbedenklich. Wie gesagt: Der Schlüssel liegt in „weniger“ und in Maßen. Betrachten Sie koffeinhaltige Getränke als das was sie sind: Genussmittel, so wie Wein und Bier. In Maßen machbar – in Massen bedenklich.

„Wie jetzt? Wieso nicht gänzlich verzichten? So wie auch beim Alkohol – der ist doch eigentlich immer schädlich!“

Genauso wie beim Alkohol wäre ein gänzlicher Verzicht (ja gar ein gesetzliches Verbot) absolut sinnlos. Es würde schlicht und ergreifend nicht funktionieren: Zahlreiche Versuche wie die Prohibition in Amerika haben dies eindrucksvoll bewiesen. Also muss man die Menschen nehmen wie sie sind und alles auf ein gesundheitlich akzeptables Niveau bringen. Des Weiteren: Wir wollen uns ja nicht selbst kasteien und in Askese leben – oder?

Für den gestressten Bürger empfehle ich morgens mit Genuss eine große Tasse Kaffee zu trinken und dann tagsüber anstatt weiterhin dem Kaffee zu frönen es mal mit natürlichen Kräutertees zu versuchen. So hat man immer noch seinen Genuss am Morgen und tagsüber sorgen die Kräutertees für den nötigen Energienachschub (unterschätzen Sie niemals die belebende Wirkung eines guten Tees!). Machen Sie ihren Kaffee (und Schwarztee)-Konsum wieder zu dem was es sein sollte: Ein Genuss, den Sie sich bewusst in Maßen gönnen. Weniger Koffein. Mehr Energie. Dem Säure-Basen-Haushalt zu liebe.

8. Kuhmilch mit Mandelmilch, Kokosnussmilch oder anderer veganen Milch ersetzen

Kuhmilch (und auch andere tierische Alternativen wie Ziegenmilch) erhöht den pH-Wert im Körper. Des Weiteren ist Kuhmilch eigentlich dafür gedacht das Kalb mit Nährstoffen zu versorgen, nicht den Menschen. Unter anderem deswegen fühlen sich einige Menschen besser, wenn sie den Milchkonsum reduzieren: Weniger Verdauungsprobleme und zumeist auch ein beruhigtes Gewissen – wenn man mal an die leider oft vorherrschenden Produktionsbedingungen denkt.

Humanere und für den Menschen passendere Alternativen sind basisch wirkende pflanzliche Produkte. Das tolle an denen ist, dass man damit trotzdem leckeres Eis und sahnige Desserts zaubern kann – ganz ohne tierische Produkte.

Das beruhigt das Gewissen, ist ein Beitrag gegen die Massentierhaltung und fast wie von selbst dabei noch gesünder. Hinweis: Natürlich ist mir bewusst, dass es Europa so wie es ist heute nicht gäbe, hätten die Menschen in Notzeiten keine Kuhmilch zur Verfügung gehabt. Auch kann nicht jede leckere Speise ohne echte Kuhmilch auskommen – so wie ein Tofuwürstchen eben nie ganz an eine „echte" Bratwurst herankommt (wenn man genau auf den spezifischen Geschmack steht). Doch was hindert uns daran in Nicht-Notzeiten und abgesehen vom Familientreffen am Sonntag mit all den leckeren milchbasierten Desserts einfach mal die Milch aus ethischen und gesundheitlichen Gründen wegzulassen? Eben: Nichts!

9. Keine Angst vor GUTEN Fetten

Kokosnussöl, Olivenöl, Avocadoöl...allein diese drei Speiseöle sind voll mit guten Fettsäuren. Fett ist nicht gleich Fett und macht nicht per se dick. Es muss schon die „richtige Mischung" an Inhaltsstoffen in unserer Nahrung hinzukommen, damit uns Fett krank und dick macht. Beispiel: Selbst das Fett aus dem chemisch am meisten gemästeten Tier ist in Form eines Steaks immer noch dem Körper zuträglicher, als die künstlichen Transfette aus einer Packung Chips: Letztere sind auf Dauer eine Garantie für verstopfte Arterien und andere sehr unangenehme Erkrankungen. Noch besser sind natürliche Pflanzenfette oder – wenn es den tierisch sein soll – von Seefisch oder weidegefütterten Tieren stammende Fette. Im Detail unterscheiden wir zwischen gesättigten und ungesättigten Fettsäuren. Grundsätzlich können und sollten wir in gesundem Maße beide Fettarten zu uns nehmen. Die Transfette sind eine – verzeihen Sie bitte den Ausdruck – künstliche Perversion der natürlichen Fette. Wie immer gilt auch hier: Zur Weltmeisterschaft mal bei einem Spiel eine Packung Chips ist nicht das Problem. Die „Schlacht ums Essen" wird in der Regel von Montag bis Freitag gewonnen, sofern man am Wochenende nicht allzu sehr sündigt (exzessiver Alkoholgenuss, regelmäßige Fressorgien).

10. Würzen statt Salzen

Salz ist per se nicht schädlich, doch in der heutigen Zeit nehmen wir davon eh mehr zu uns als wir eigentlich benötigen. Fast jede Speise und einige Zutaten sind mehr oder weniger gesalzen. Greifen Sie also nicht zum Salzstreuer, sondern würzen doch einfach mit ein paar geschmacklich attraktiven Gewürzen nach. Viele davon sind sogar richtig gesund.
Eines ist mit den zehn Leitsätzen wohl klar geworden: Sich basisch ernähren heißt hauptsächlich mit gesundem Menschenverstand und ohne übertriebene Selbstkasteiung an die Sache zu gehen. Gesunde Mäßigung und sich auch mal „gehen lassen können" sorgen vor allem mental dafür, dass man diese Ernährungsweise überhaupt durchhalten kann. Niemand möchte auf Dauer nur „verzichten". Vermeiden Sie stark verarbeitete Lebensmittel, essen Sie mehr organisches von Pflanzen – probieren Sie es einfach mal aus.

Was bedeutet der basische Lifestyle?

Genügend Schlaf, Erholung in der Natur, ausreichend Bewegung: All dies gehört – neben der Ernährung – zum idealen basischen Lifestyle dazu. Natürlich ist mir klar, dass nicht jeder den „perfekten“ basischen Tag immer leben kann. Sehen Sie es viel mehr als Ideal an, welches man möglichst gut zu erreichen versucht. Wenn man kurz darüber nachdenkt wird klar, dass das was zum basischen Lifestyle dazugehört eigentlich nichts anderes ist, als eine gesunde Lebensführung – so wie es auch der gesunde Menschenverstand vorschlagen würde. Der basische Lifestyle ist nichts Ungewöhnliches: Keine exotischen Rituale sind nötig und man muss sich auch nicht zig Regeln merken. Das ist das tolle daran: Simpel und doch effektiv. Manche Menschen sind immer auf der Suche nach einer „geheimen Formel“ zur Traumfigur und zum gesunden Körper sowie Geist. Nun: Diese gibt es nicht und wer etwas anderes erzählt möchte Ihnen in der Regel nur Geld aus der Tasche ziehen. Ich weiß wie schwer es manchmal sein kann, einfach nur diese recht „einfachen“ Grundregeln zu beherrschen, welche auf dem gesunden Menschenverstand aufbauen. Doch es sind genau diese Grundregeln, die bei fast jeder Diät und Ernährungsweise entscheidend sind.
Basischer Lifestyle bedeutet für mich mit gesundem Menschenverstand an die Sache heranzugehen und 5 von 7 Tagen die Woche (idealerweise während der Woche) danach zu leben. Die restlichen 1-2 Tage? Da darf man die Zügel ruhig mal gerne lockerer lassen. Warum? Weil man nur so durchhält. Unsere mentale Kraft (z.B. für eine Ernährungsumstellung) ist begrenzt: Wie ein Muskel kann diese ermüden und braucht eine Pause, denn unsere Willenskraft z.B. eine strenge Diät durchzuhalten ist begrenzt. Außerdem: Wer kann schon dauerhaft auf seine (stark säurehaltige) Leibspeise verzichten? Wir brauchen Pausen – also gönnen Sie sich diese ruhig. Meiden Sie irgendwelche „Wunderkuren“ und lassen Sie sich nicht stressen.
Pausen zwischen strengen Phasen: Dies lässt sich eigentlich auf fast alle Lebensbereiche übertragen. Der Schlüssel oder die „geheime Formel“ (wenn man so will) ist das man so oft wie möglich an seinen Zielen arbeitet und auf diese Rücksicht nimmt – und sich immer wieder Pausen gönnt um sich zu erholen. Nicht Wissen ist entscheidend, sondern handeln. Wir werden uns im Rahmen dieses Buches nicht in tiefgehen pH-Wert-Diskussionen oder dergleichen verlieren, sondern uns an der praktischen Umsetzung für den Normalbürger orientieren. Schließlich wollen wir getreu dem basischen Leitmotiv bleiben: Einfach und gut machbar.
Beginnen Sie am besten noch heute. Schon kleine Veränderungen können viel bewirken. Gleich ob Sie sich vegan oder vegetarisch, ketogen oder nach Ernährungspyramide ernähren: Jeder kann von der basischen Ernährung profitieren. Suchen Sie sich die Bausteine raus, die in Ihrem Leben für Sie Sinn machen – und legen Sie los!

Die basische Ernährung in Kürze erklärt

Der für den menschlichen Organismus ideale pH-Wert beträgt 7,35. Das heißt; er sollte leicht basisch sein. Unter diesen Bedingungen können die Körperzellen und Flüssigkeiten am besten arbeiten. Natürlich reguliert der Körper dies automatisch und wir können nicht direkt eingreifen. Sie könnten selbst die säurehaltigsten Speisen der Welt essen – ihr pH-Wert wird nicht auf 8 steigen. Wenn doch wären Sie umgehend tot. Dasselbe gilt natürlich auch umgekehrt. Ein pH-Wert von 6 ist nicht möglich.

Da sich der Körper selbst reguliert, ist die Aufgabe der basischen Ernährung nicht in die Regulierung direkt einzugreifen – sondern dem Körper es so leicht wie möglich zu machen. Isst man beispielsweise viele säurehaltige Speisen, muss der Organismus entsprechend gegensteuern. Das kostet Energie und Ressourcen, die dann anderswo fehlen. Ganz zu schweigen von den langfristigen Auswirkungen. Unser Ziel ist es also, es dem Körper so einfach wie möglich zu machen.

Wieso es ihm einfacher machen? Weil eine stärkere Regulierung für den Organismus Stress bedeutet. Er muss wertvolle Ressourcen auf die Regulierung „verschwenden", anstatt sich z.B. um die Fettverbrennung oder den Muskelaufbau zu kümmern. Vereinfacht gesagt wählt unser Körper immer das kurzfristige Überleben anstatt das langfristige Wohlergehen, wenn er vor die Wahl gestellt wird. Kurzfristig mag es Sinn machen die Übersäuerung massiv anzugehen – langfristig muss man sich dann im Gegenzug nicht wundern, dass die eigenen sportlichen Aktivitäten deswegen weniger Effekt als gedacht bewirken. Ständige Entzündungen, hormonelle Ungleichgewichte, ständige Müdigkeit und Verdauungsprobleme sowie schlechte Knochendichte (da der Körper das Magnesium und Kalzium für die Regulierung abzweigen muss, anstatt damit die Knochen zu stärken) können Anzeichen eines Körpers sein, der viel zu viel mit der Säure-Basen-Regulierung beschäftigt ist.

Tun Sie ihm das nicht an. Tun Sie SICH das nicht an. Gönnen wir also dem Organismus eine Atempause, damit er ALLE seine Aufgaben gut erfüllen kann, anstatt nur die akuten.

Falls Sie jetzt eine Parallele zwischen dem Alkoholkonsum und der Leberbelastung erkennen, liegen Sie richtig: Die Leber sorgt dafür, dass unsere Sünden vom Samstagabend nicht zulange den Körper belasten. Trinken wir mal hier und da ein Gläschen, kann die Leber dies gut verarbeiten. Trinken wir zu viel und ständig, wird sie und damit der Organismus Schaden nehmen. Ähnlich ist es beim Säure-Basen-Haushalt. Unser Körper kann und wird bis zu einem gewissen Grad all die Giftstoffe etc. neutralisieren können. Wir dürfen nur nicht ihn überlasten und von seiner eigentlichen Arbeit abhalten: Uns fit und gesund zu halten.

Häufige Fragen

Mehr pflanzliche und basische Nahrung essen: Muss man zum Veganer werden?
Tierische Produkte wirken säurebildend. Aufgrunddessen ist die basische Ernährung zwangsläufig relativ vegan. Pflanzliche Produkte machen einen großen Bestandteil aus. Man KANN die basische Ernährung als Tür in die Welt des Veganismus ansehen, muss es jedoch nicht. Fleischprodukte sind hier nicht verboten und in Maßen durchaus zu empfehlen – wenn die Qualität stimmt.
Sofern Sie damit liebäugeln mal eine vegane Ernährungsweise auszuprobieren, kann ich Ihnen raten langsam den Anteil fleischhaltiger Erzeugnisse zu reduzieren. Versuchen Sie sich möglichst oft vegetarisch zu ernähren und wenn Sie dann nach ein paar Monaten noch wollen auf den Veganismus umzusteigen. Nehmen Sie sich insgesamt dafür ruhig ein halbes bis ganzes Jahr Zeit und achten Sie auf die Reaktionen Ihres Körpers: Wie fühlen Sie sich? Was machen Ihre Beschwerden? Schmecken Ihnen die Speisen? Können Sie den Ernährungsstil gut in Ihren Alltag integrieren?
Sie lieben Fleisch und wollen es nicht weglassen? Ich persönlich esse auch weiterhin Fleischprodukte – in Maßen. Anstatt wie früher täglich Wurst und Fleisch irgendwo auf dem Speiseplan zu haben, gibt es nun 1-2 pro Woche ein richtig gutes Steak vom Grill – natürlich dann vom Metzger meines Vertrauens und nicht aus der Tiefkühltheke des Discounters im Angebot. Das ist zwar teurer, aber wenn man nur selten Fleisch isst, will man es auch richtig genießen können. So übersäure ich meinen Körper nicht unnötig und kann trotzdem die Vorzüge guten Fleisches (die es zweifelsohne gibt, wenn man auf Qualität achtet) genießen. Auch muss ich mir nicht so viele Gedanken über die Inhaltsstoffe von Soßen etc. machen, wenn ich auswärts essen gehe – wie es ein Veganer machen muss. Wichtig ist, dass ich mich größtenteils basisch ernähre und es nicht zum Dogma werden lasse. Wie gesagt: Es geht darum den Körper nicht einseitig zu überlasten – dann ist auch hier und da ein Stück gutes Fleisch locker drin.

„Aber XY hat gesagt vegan ernähren ist viel gesünder und überhaupt..."
Wenn man aus ethischen Gründen auf den Konsum tierischer Produkte verzichtet ist dies ein ehrbares Unterfangen. Ernährungstechnisch ist es nicht so einfach. Grundsätzlich ist der typische Veganer gesünder als der typische Fleischesser. Das liegt aber hauptsächlich daran, dass wer Veganer ist, sich in der Regel genau überlegt was er und wieso isst. Man müsste also eigentlich die Veganer mit den „bewusst" essenden Fleischessern vergleichen – und dann wird der vermeintliche Unterschied sehr klein! Fleisch ist nicht gleich Fleisch. Unser Organismus ist ein Allesfresser: Er ist darauf ausgelegt pflanzliche Nahrung zu verwerten, aber auch tierische Erzeugnisse als Nährstoffquelle nutzen zu können.
Was er eben nicht kann, ist mit in Massentierhaltung überzüchteten und antibiotikavollgepumpten Fleischerzeugnissen fragwürdiger Qualität klarzukommen.

Beispiel: Sie kennen bestimmt die Omega-3-Kapseln aus dem Supermarkt? Diese sind ja dafür da, das Verhältnis zwischen Omega-3 und Omega-6-Fettsäuren im Organismus in ein gesundes Verhältnis zu bringen. Das Problem ist häufig, dass industriell produzierte Fleischprodukte viel zu viel Omega 6 enthalten und kaum noch Omega 3.
Bei Fleisch aus nachhaltiger Produktion (beispielsweise Weiderinder die möglichst ohne Industriefutter auskommen) sieht dies plötzlich ganz anders aus! Dort ist das Omega3-6-Verhältnis vollkommen in Ordnung. Das wir also Omega-3-Kapseln kaufen können ist nicht ein Zeichen dafür das Fleischprodukte per se schlecht sind (ernährungstechnisch), sondern das wir die FALSCHEN Fleischprodukte essen und deswegen gegensteuern müssen.
Natürlich hat ein Veganer dieses Problem von vornerein nicht. Aber ebenso kann ein auf Qualität achtender Fleischesser dieses umgehen.
Fazit: Man muss nicht zum Veganer werden, obwohl es für viele gerade anfangs in einer Übergangsphase durchaus hilfreich ist. Wer weiterhin Fleischprodukte genießen möchte, sollte den Anteil tierischer Produkte reduzieren und deren Qualität gleichzeitig erhöhen.

„Wo bekomme ich die Zutaten her? Die Rezepte sind doch bestimmt voll mit ungewöhnlichen Inhaltsstoffen?“
Keine Sorge: Die Rezepte enthalten größtenteils im gewöhnlichen Supermarkt kaufbare Zutaten. Eine Ernährungsform die man nur durchziehen kann wenn man ein Spezialgeschäft besucht, wäre ansonsten von vornerein zum Scheitern verurteilt. Hier und da werden Sie vielleicht auf ungewöhnliche Zutaten stoßen, doch größtenteils halten wir uns in diesem Buch an alltägliches. Nehmen Sie die „exotischen“ Zutaten als Anregung. Heutzutage kann man das meiste auch online bestellen – z.B. bei Alnatura.

„Kochen ist nicht so mein Ding. Was soll ich tun?“
Keine Panik. Die Rezepte sind einfach und lecker. Man muss kein Gourmet-4-Sterne-Koch sein um diese nachzukochen. Sofern Sie den Klassiker Spaghetti mit Tomatensoße hinbekommen, werden auch die meisten Rezepte in diesem Buch kein Problem für Sie sein. Gerade für Menschen mit wenig Zeit und einem stressigen Alltag ist die Einfachheit der Rezepte besonders nützlich – erleichtert sie doch das Nachkochen ungemein.

„Welche Küchengeräte brauche ich?“
Messer, Schneidebrett, Küchenreibe und möglichst einen Mixer. Ein Spiralschneider ist auch nicht verkehrt, aber kein muss.

„Ich bin eine vielbeschäftigte Person. Wie soll ich das denn alles umsetzen?“
Die meisten Rezepte brauchen keine 20 Minuten Vorbereitungszeit. Die muss man natürlich tatsächlich haben – hat man diese nicht, wird es jedoch mit JEDER Ernährungsform sehr schnell dünn (nein: Jeden Tag ins Bio-Restaurant zu gehen wird nicht funktionieren. Ein Restaurant will Ihnen in erster Linie ein leckeres Erlebnis bieten, nicht unbedingt das gesundheitlich allerbeste).
Doch stundenlang in der Küche arbeiten müssen Sie natürlich nicht. Sprechen wir trotzdem die häufigste mit der Zeitmangelfrage verbundene Herausforderung an:
- Gelüste kontrollieren: Ohne Willenskraft wird es nicht gehen. Wer wenig Zeit hat, muss sich (leider) manchmal aktiv dazu zwingen eben NICHT „mal schnell eben“ zum Fastfood zu greifen.
Wenn es dann doch „mal schnell“ gehen muss: Viele Imbisse und Supermärkte bieten inzwischen Fertigsalate/Fertigsalatmischungen an. Das ist allemal besser, als mit Hunger zum Burger und Co. zu greifen.
Einfach? Nein! Eigentlich sogar fast unmöglich, denn unsere Willenskraft ist begrenzt. Deswegen ist die blanke Wahrheit: Ganz ohne Zeiteinsatz geht es nicht – aber mit den Rezepten in diesem Buch können Sie diesen wenigstens auf das Minimum reduzieren.

„Zitronen haben ja Säure. Wie wirkt das auf den Säure-Basen-Haushalt?“
Der Körper verdaut die Nahrungsmittel. Dadurch ändert sich natürlich deren Wirkung, da die Nahrung in ihre Bestandteile aufgespalten und weiterverarbeitet wird. Aufgrund dessen ist die Zitronensäure zu vernachlässigen. Viel mehr überwiegen die basischen Mineralstoffe der Zitrone. Damit ist die (zusätzlich dazu zuckerarme) Zitrone eine der wenigen basisch wirkenden Obstsorten.

„ Wenn ich auf tierische Produkte verzichte: Wo bekomme ich genug Eiweiß her?“
Früher war es in der Tat schwierig insbesondere als Veganer genügend Eiweiß über die Nahrung aufzunehmen. Auch für Vegetarier war beispielsweise Eisenmangel kein Fremdwort und wenn man dieses über Nahrungsergänzungsmittel zuführen musste, konnte man sich durchaus fragen: „Ist das so richtig?“ Heutzutage ist es Dank milchfreier Eiscreme, Joghurt und auch anderer Nahrungsmittel deutlich leichter geworden auch ausgefallenere Speisen (in diesem Fall) vegan, basisch und trotzdem unglaublich lecker zu gestalten. Trotzdem bleibt es gerade auf dem Land oft eine Herausforderung die nötigen Zutaten zu besorgen oder ein Restaurant mit entsprechender Speisekarte zu finden, weswegen man einige eiweißreiche Produkte immer auf Vorrat parat haben sollte:

- Blattgemüse, z.B. Kohl und Spinat
- Quinoa
- Mandelbutter
- Linsen
- Bohnen
- Kichererbsen
- Nüsse (z.B. Walnüsse)
- Samen (z.B. Sonnenblumenkerne)

Damit hat man eine solide Basis und sollte Mangelerscheinungen vorbeugen können. Wer natürlich nicht gänzlich auf tierische Produkte verzichtet hat es – Stand Heute - an dieser Stelle in der Praxis deutlich leichter.

„In wenigen Worten: Welche gesundheitlichen Vorteile bringt den ein durch die basische Ernährung guter pH-Wert konkret?“

- Hilft den Cholesterinspiegel auf ein normales Niveau einzupendeln
- Wirkt blutdrucksenkend
- Senkt das Risiko von Altersdiabetes
- Senkt das Risiko von Herzinfarkten
- Senkt das Krebsrisiko (durch die Ernährung, nicht durch Rauchen etc.)
- Weniger Säure im Körper
- Natürlicher Gewichtsverlust
- Besseres Hautbild
- Stärkt das Immunsystem (da der Körper diesem mehr Ressourcen zukommen lassen kann)
- Fördert die Verdauung

„Ich mag Bier, Pizza und Rumpsteak. Wie oft kann ich das ohne Reue noch genießen, wenn ich was für die Gesundheit tun möchte?“

Perfekt sein funktioniert nicht, außer man möchte in Askese leben. Um von den Vorteilen der basischen Ernährung profitieren und trotzdem die eigenen Lieblingsspeisen genießen zu können, sollte man 80% der Zeit gut essen. Die restlichen 20% darf man dann „sündigen“. Das heißt beispielsweise: Von Montag bis Freitag gut ernähren und dann am Samstagnachmittag bei der Grillparty einfach nach Lust und Laune zuschlagen. Sonntag dann ruhig noch mittags mit der Familie sich auch mal was Leckeres gönnen und dann am nächsten Montag wieder „streng“ nach Diät.
Was es nicht bedeutet: Montag bis Freitag streng nach Diät und dann am Wochenende Komasaufen und Fressorgien.

Übrigens: Viele Gerichte kann man auch basisch gestalten, z.B. Pizza (mit glutenfreiem Teig und viel Gemüse als Belag) Bitte versuchen Sie nicht sich 100% basisch zu ernähren. Es mag zwar theoretisch noch gesünder sein, aber es ist fast unmöglich dies emotional durchzustehen: Die Folge wären Stimmungsschwankungen und potentielle Rückfälle in Form von Fressattacken. Hören Sie auf ihr Bauchgefühl und gönnen sich ab und zu auch Ihre Leibspeise.

„Gibt es Nahrungsmittel die man definitiv in Zukunft weglassen sollte?"

Wir haben gelernt, dass man Alkohol und tierische Produkte in Maßen genießen kann. Was man definitiv weglassen sollte (wenn möglich) sind Softdrinks (Cola und Co.), chemisch stark verarbeitete Nahrungsmittel (z.B. Chips) und Fertigprodukte (Bratkartoffeln mit Gemüse aus der Packung).

Konzentrieren Sie sich beim Weglassen auf eines davon, z.B. erstmal nur Softdrinks weglassen. So fällt Ihnen die Umstellung leichter. Eine gute Alternative zu Softdrinks sind Sirupmischungen in Wasser verdünnt. Man spart so viel Geld und es ist weitaus weniger gesundheitlich bedenklich.

Chips und Co. kann man gut mit selbstgemachten Produkten ersetzen: Das Problem sind nämlich nicht die Chips an sich, sondern was die Industrie noch alles in das Produkt hineinsteckt (z.B. all die Konservierungsstoffe). Selbstgemacht umgeht man diese Problematik. Alternativ kann man auch zu gesünderen Varianten wie Dinkelsticks etc. greifen. Mein persönlicher Geheimtipp: Radieschen! Ich kann die in Unmengen essen. Das Knacken beim Kauen und Beißen kommt dem Erlebnis von Chips richtig nahe und befriedigt (zumindest bei mir) die Gelüste auf einen kleinen Snack.

Fertigprodukte ersetzt man am besten durch vorausschauendes Kochen: Planen Sie gleich eine größere Portion, sodass Sie mehrere Mahlzeiten abdecken können. Immer ein paar Dosen- oder Tiefkühlprodukte im Hause haben hilft, im Fall der Fälle immer noch eine gesundheitlich akzeptable Alternative kochen zu können.

Die Rezepte

Die Rezepte sind natürlich nach Alphabet sortiert.
Einige Rezepte sind nicht 100% basisch (z.B. der Grüner Tee mit Spinat Smoothie, der ein wenig Koffein enthält) oder gar vegan, aber dennoch basische Rezepte. Wie schon erwähnt: Der basische Lifestyle heißt nicht, dass man diesen dogmatisch immer folgen muss. Natürlich sind es trotzdem alles Rezepte, die in eine gemäßigte Umsetzung der basischen Ernährung sehr gut hineinpassen und diese unterstützen. Beispielsweise ist der oben erwähnte Grüner-Tee-mit-Spinat-Smoothie eine interessante Alternative, wenn man nicht gänzlich auf Koffein verzichten und trotzdem möglichst basisch leben möchte.
Es wurde zusätzlich darauf geachtet, dass man zu allen Rezepturen vergleichbare, komplett vegane Zutaten bekommt (beispielsweise: Butter ➔ Einfach vegane Butter nehmen). Ebenso ist es natürlich nicht verboten, beispielsweise Mandelmilch auch mal mit Kuhmilch zu ersetzen – wenn man denn will.

2 Portionen

Amarant-Kokosnuss-Porridge

Zutaten

500ml Wasser

200g Amarantsamen

250ml Kokosnussmilch

30g Kokosnussstücke

1. Amarant ins kochende Wasser hinzugeben.
2. Anschließend 15-20 Minuten köcheln lassen.
3. Vom Herd nehmen und restliche Zutaten hinzugeben.
4. Gut vermengen und genießen.

➔ *Idealer Energielieferant am Morgen. Nehme ich gerne, wenn ich zwar Hunger habe, aber doch für den Tag etwas im Magen haben möchte*

2-4 Portionen

Apfel-Knollensellerie-Salat

Zutaten

1 Apfel, geschält und gewürfelt
2 EL vegane Mayonnaise
1 Knollensellerie, geschält und zerrieben
4 EL Mandeln, halbiert
Saft einer Zitrone
2 Karotten, geschnitten
2 Gurken, geschnitten
2 EL Cream of Coconut (Kokosmilch mit eingedicktem Kokosnussfett)
Eine Handvoll Petersilie
1 EL Olivenöl
1 EL Zitronensaft
1 Prise Salz
1 Prise Pfeffer

1. Zutaten in Salatschüssel miteinander vermengen.
2. Mit Mayonnaise beträufeln und erneut durchmengen.
3. Olivenöl und Zitronensaft hinzugeben. Mit Salz und Pfeffer würzen.
4. Genießen.

➔ Ich mische gerne noch ein paar Sonnenblumenkerne hinein.

2 Portionen

Artischockensalat

Zutaten

2 Artischocken-herzen, halbiert, in Salzlake eingelegt

Eine Handvoll Rucolablätter

100ml Mandelpulver

1 Zwiebel, gewürfelt

50g Sojasprossen

Dressing:
3 EL Mayonnaise

2 EL Olivenöl

Saft einer Zitrone

1. Zutaten in Salatschüssel vermengen.
2. Mayonnaise hinzugeben. Erneut vermengen.
3. Mit Olivenöl und Zitronensaft beträufeln.
4. Genießen.
5. Optional: Schwarzer Pfeffer und Salz für mehr Würze.

➔ Meeres- oder Himalayasalz passt besonders gut geschmacklich dazu.

2-4 Portionen

Auberginenkaviar

Zutaten

2 Auberginen

2 EL Olivenöl

1 Zwiebel, gewürfelt

1 grüne Paprika, gewürfelt

2 EL Tomatenmark

4 EL Wasser

2 EL Zitronensaft

1 Prise Salz

1 Prise Pfeffer

Brot als Beilage

Wasser zum Weichkochen

1. Auberginen einschneiden und mit etwas Wasser weichkochen oder dampfgaren. Abkühlen lassen.
2. Aubergine kleinschneiden. Wir behalten das Fruchtfleisch. Rest entfernen.
3. Olivenöl erhitzen und darin Zwiebeln und Paprika sautieren.
4. Auberginenfruchtfleisch mitsamt Tomatenmark, 4 EL Wasser und Gewürzen hinzugeben.
5. 30 Minuten unter ständigem Umrühren auf niedriger Flamme köcheln lassen, bis die Mixtur sich zu verdicken beginnt.
6. Mixtur in Schüssel geben und Zitronensaft einrühren.
7. Im Kühlschrank eine Stunde ruhen lassen und kalt als Brotaufstrich servieren.

2 Portionen

Avocado-Alfalfasprossen-Smoothie

Zutaten

500ml Mandelmilch

50g Sojasprossen

50g Alfalfasprossen

1 TL Ingwer

½ Avocado

1 Apfel

1 EL Kokosnussöl

1. Mandelmilch, Sprossen, Avocado und Apfel im Mixer mixen.
2. Kokosnussöl und Ingwer hinzugeben.
3. Servieren und genießen.

➔ *Schmeckt auch gut mit Mandelöl statt Kokosnussöl*

6-8 Portionen

Avocado-Schoko-Mousse

Zutaten

60g Kakaopulver

4 Avocados, entkernt und geschnitten

140ml Mandelmilch, ungesüßt

1 EL Vanilleextrakt

Einige Tropfen Steviaextrakt

50g Mandeln, in Wasser eingeweicht

1. Gemisch am besten im Mixer vermengen, bis sich eine einheitliche Masse bildet.
2. In Dessertformen geben und 4 bis 6 Stunden ruhen lassen.
3. Genießen.

➔ *Statt Stevia nutze ich manchmal auch gerne Vanillesirup*

4 Portionen

Basilikum-Linsen-Eintopf

Zutaten

1 Zwiebel, gewürfelt

2 EL Olivenöl

1 TL Ingwer

2 Knoblauchzehen, zermahlen

½ TL Kurkuma

1 EL Basilikum

200g Linsen

750ml Wasser

1 Prise Salz

Ein wenig Petersilie als Dekoration

1. Zwiebeln anbraten.
2. Anschließend Olivenöl mit Ingwer, Knoblauch, Kurkuma und Basilikum hinzugeben. Bei niedriger Hitze sautieren.
3. Linsen hinzugeben. Sautieren.
4. Wasser erhitzen und zur Linsenmixtur hinzugeben. Deckel schließen und zum Kochen bringen.
5. Anschließend 15 Minuten auf kleiner Flamme köcheln lassen.
6. Immer wieder umrühren und dabei Salz hinzugeben.
7. Schlussendlich servieren und mit Petersilie garnieren.

2-3 Portionen

Basische Panna-Cotta

Zutaten

250ml Kokosnussmilch

250ml Mandelmilch

2 EL Veganer Gelantinenersatz

2 EL Stevia

2 TL Vanilleextrakt

2 TL Zimtpulver

Saft einer ausgepressten Zitrone

2 EL Chiasamen

1 Kleks Marmelade zur Garnierung

Kokosnussöl

1. Milch mit Gelatinenersatz in Kochtopf geben.
2. Fünf Minuten verquirlen.
3. Stevia, Zimt, Vanilleextrakt und Chiasamen hinzugeben.
4. Bei mittlerer Hitze ständig umrühren, bis die Milch kurz vor dem Kochen ist.
5. Bevor es kocht von der heißen Herdplatte nehmen und ein paar Minuten abkühlen lassen.
6. In der Zwischenzeit in Muffinformen jeweils einige Tropfen Kokosnussöl hinzugeben.
7. Die etwas abgekühlte Masse in die Formen hinzugeben.
8. 8 Stunden im Kühlschrank ruhen lassen.
9. Umgedreht aus den Formen nehmen und mit Marmelade garnieren.

1 Portion

Basische Pizza

Zutaten

Teig:
150g Mandelmehl
1 Prise Salz
1 EL Backpulver
120ml Wasser
2 EL Natives Olivenöl Extra

Tomatensauce:
2 Knoblauchzehen, zermahlen
4 Tomaten
1 Prise Salz
1 EL Italienische Gewürzmischung
Eine Handvoll Oliven

Belag:
150g Gemüse nach Wahl
Eine Handvoll Zwiebelringe

1. Ofen auf 190 Grad vorheizen.
2. Trockene Zutaten des Teigs in eine Schüssel geben. Wasser und Öl hinzugeben und kneten. Fünf Minuten gut durchkneten, ggf. mehr Mehl zugeben.
3. Abdecken und beiseitestellen.
4. Saucenzutaten alle miteinander vermengen, am besten im Mixer.
5. Nun den Teig ausrollen und mit der Sauce bestreichen.
6. Belag oben drauf.
7. 20 Minuten im Ofen backen.
8. Genießen.

2-4 Portionen

Basische Tacos

Zutaten

4 Tortillas, glutenfrei

1 Süßkartoffel, gekocht

100g grüne Bohnen

Ein wenig Kopfsalat, geschnitten

1 Avocado, gewürfelt

200g schwarze Bohnen, gekocht

1 TL Knoblauchpulver

1 Prise Pfeffer

1 Prise Salz

1 TL Chilipulver

1. Kartoffel pürieren und Gewürze hinzugeben.
2. Die Mixtur auf den Tortillas verteilen. Bohnen, Avocado und Salatstücke hinzugeben.
3. Tacos servieren und genießen.
4. Optional: Tortilla vorher ein wenig im Ofen erwärmen.

➔ *Am besten gleich eine größere Menge vorbereiten. Ideal als Snack in der Arbeitspause*

1 Portion

Basische Wraps

Zutaten

2 Wraps, gluten- und hefefrei

1 Bund Radieschen, geschnitten und geputzt

2 Knoblauchzehen, zermahlen

200g Hummus

1 Avocado, gewürfelt

1 Gurke, gewürfelt

1. Zutaten in Schüssel vermengen.
2. Mixtur gleichmäßig auf die Wraps als Füllung verteilen.
3. Zusammenrollen und genießen.

➔ Die Radieschen sorgen für den "knackigen" Geschmack – hilft "Chipsgelüste" zu bekämpfen

1-2 Portion

Basischer Avocado-Kokosnuss-Smoothie

Zutaten

450g Babyspinat

1 Kleine Avocado

15g Koriander

250ml Kokosnusswasser

1 EL Ingwer

½ TL Kurkuma

1 Prise Cayennepfeffer

1. Zutaten in Mixer geben und mixen.
2. Dabei Avocado und Spinat Stück für Stück hinzugeben, während man den Inhalt durchmixt.
3. Sobald alles im Mixer grob zerkleinert wurde, mit möglichst hoher Geschwindigkeit eine Minute nochmals vermixen.
4. Anschließend in Glas geben und servieren.

Basischer Beerenpfannkuchen

Zutaten

120g Mandelmehl

1 TL Stevia

3 TL Backpulver mit Natron

1 Prise Salz

½ TL Muskatnuss

250ml Kokosnussmilch

1 Banane, zermatscht

1 EL Vegane Butter

1 EL Olivenöl

Eine Handvoll Beeren nach Wahl

1. Mehl, Stevia, Backpulver, Muskatnuss und Salz in eine Schüssel geben.
2. Banane mit Kokosnussmilch verquirlen.
3. Bananen-Kokos-Gemisch mittig in die andere Schüssel mit dem Mehl etc. eingießen.
4. Mixtur setzen lassen.
5. Vegane Butter in Pfanne erhitzen.
6. Sobald diese heiß ist einen Teil des Gemisches in die Pfanne hinzugeben und einen Pfannkuchen braten.
7. Fertigen Pfannkuchen beiseitelegen und mit veganer Butter beträufeln, sodass man auch den nächsten ohne zu verkleben darauf legen kann.
8. Pfannkuchen mit Beeren servieren und genießen.

2 Portionen

Basischer Couscous

Zutaten

170g Couscous
1 Zwiebel, gewürfelt
1 Gurke
4 Tomaten
1 TL Chilipulver
Eine Handvoll Pfefferminzblätter
1 Handvoll Korianderblätter
1 Handvoll Petersilienblätter
120ml Tomaten, püriert
2 EL Olivenöl
Saft einer Zitrone
Zeste einer Zitrone
1 TL Kümmel
1 TL Paprikapulver
1 Prise Salz
1 Prise Pfeffer
Etwas Wasser

1. Couscous in Schüssel geben.
2. Wasser zum Kochen bringen und zum Couscous hinzugeben. Soviel Wasser zugeben, sodass der Couscous gerade so mit Wasser bedeckt ist.
3. Salzen und Würzen. Vermengen und beiseite stellen.
4. Kräuter und Gemüse kleinschneiden.
5. In die Couscousmischung die pürierten Tomaten hineingeben und vermengen.
6. Gemüse und Kräuter ebenso hinzugeben. Gut vermengen.
7. Mit Olivenöl, Zitronenzeste und Zitronensaft beträufeln.
8. Servieren und genießen.

1-2 Portionen

Basischer Mittagspausensmoothie

Zutaten

1 Avocado

300ml Mandelmilch

2 EL Korianderblätter

2 EL Kokosnussöl

Saft einer Zitrone

4 EL Chiasamen

1 Prise Salz

1. Außer Öl und Chiasamen alle Zutaten miteinander im Mixen mixen.
2. Gut verrühren und Chiasamen hinzugeben.
3. Mit Kokosnussöl und ein kleinwenig Salz verfeinern.
4. Genießen.

➔ Hält durchaus lange vor. Ideal, wenn man mittags nur eine Kleinigkeit zu sich nehmen möchte, um den gröbsten Hunger zu stillen.

4 Portionen

Basischer Salat

Zutaten

400g Süßkartoffeln, gekocht, gewürfelt

100g Sojasprossen

2 rote Paprika, geschnitten

1 Zwiebel, gewürfelt

Ein paar Rucolablätter

30g Mandeln

120ml vegane Mayonnaise

Saft einer Zitrone

2 EL Olivenöl

1 Prise Pfeffer

1 Prise Salz

1. Zutaten in Salatschüssel vermengen.
2. Majo, Olivenöl, Zitronensaft und Gewürze hinzugeben.
3. Gut durchmischen und im Kühlschrank drei Stunden ruhen lassen.
4. Servieren und genießen.

➔ Natürlich kann man als Nicht-Veganer auch normale Majo nehmen.

Für einen großen Salat oder als Dip

Basisches Chili-Dressing

Zutaten

2 Chilischoten, frisch

120ml Natives Olivenöl Extra

3 EL Zitronensaft

1 EL Limettensaft

Eine Handvoll Pfefferminzblätter, fein geschnitten

3 EL Kokosnussmilch

1 Prise Salz

1 Prise Pfeffer

1. Chilischote schälen. Samen entfernen.
2. Chili kleinschneiden und mit Zitronen/Limettensaft, Kokosnussmilch, Pfefferminze und Olivenöl vermengen.
3. Salz und Pfeffer dazugeben.
4. Über den damit zu garnierenden Salat träufeln.
5. Optional: Auch als feuriger Dip geeignet.

1 Portion

Basisches Powerfrühstück

Zutaten

½ Avocado, gewürfelt
50g Alfalfasprossen
2 Tomaten
1 Gurke, gewürfelt
Ein paar Zwiebelringe
1 EL Avocadoöl
50g Mandeln
1 Prise Salz
1 Prise Pfeffer
50g Kichererbsen
Saft einer Zitrone

1. Das Gemüse gut miteinander vermengen.
2. Mit Avocadoöl und Zitronensaft beträufeln. Mit Salz und Pfeffer abschmecken.
3. Genießen.

➔ *Hält wirklich lange vor, da sehr sättigend*

1 Portion

Basisches Sandwich

Zutaten

Pesto:
25g Basilikum
Ein paar Korianderblätter
50g Walnüsse
1 Knoblauchzehe
2 EL Natives Olivenöl Extra
Saft einer Zitrone
1 Prise Salz
1 Prise Pfeffer

Sandwich:
2 Scheiben Vollkornbrot, glutenfrei
2 EL Hummus
1 Tomate, geschnitten
½ Avocado, geschnitten
Ein paar Kopfsalatblätter

1. Alle Pestozutaten außer dem Öl vermengen und zu einer einheitliche Masse mixen. Mit dem Olivenöl die gewünschte Konsistenz nach Wahl erreichen.
2. Brotscheiben toasten.
3. Hummus und fertiges Pesto gleichmäßig auf den Brotscheiben verteilen und mit den restlichen Zutaten verfeinern.
4. Genießen.

4 Portionen

Basisch-Paleo-Veganes Eis

Zutaten

500ml Kokosnussmilch

120ml Cream of Coconut (Gesüßte Kokosmilch mit Rohrzucker und Kokosnussfett)

50g Steviapulver

1 Prise Zimt

1 Messerspitze Muskatnuss

1 Messerspitze Piment

1 TL Vanillepulver

120g Mandelbutter

1. Kokosnussmilch, Cream of Coconut und Mandelbutter zu einer einheitlichen Masse vermengen.
2. Stevia, Zimt, Muskat und Piment hinzugeben. Vermengen, bis sich eine einheitliche Masse bildet.
3. Über Nacht in einer Eisform einfrieren.
4. Am nächsten Tag genießen.

➔ Ein wenig Tiefkühlobst hineinmengen kann dem Eis eine ganze neue Note geben.

4-6 Portionen

Basmatireis mit schwarzen Bohnen

Zutaten

2 EL Olivenöl
1 Zwiebel, geschnitten
1 rote Paprikaschote, geschnitten
1 Knoblauchzehe, zermahlen
2 Tomaten, geschnitten
70g schwarze Bohnen, gekocht
200g Reis
500ml Wasser
1 Prise Salz
1 Prise schwarzer Pfeffer
2 Avocado, gewürfelt
Saft einer Zitrone

1. Olivenöl in Kochtopf erhitzen und darin Zwiebel und Paprika sautieren.
2. Knoblauch und Tomaten hinzugeben. Mit Salz und Pfeffer abschmecken.
3. Ein paar Minuten köcheln lassen und anschließend Reis und Bohnen hinzugeben.
4. Wasser einfüllen und gut durchmengen.
5. Zum Kochen bringen und Topfdeckel schließen. Nun 20 Minuten auf kleiner Flamme köcheln lassen, bis alles Wasser aufgesogen wurde.
6. Fertige Mixtur durchmengen und mit Avocadostücken und restlichen Zutaten komplettieren.
7. Servieren und genießen.

4 Portionen

Belebende Suppe

Zutaten

2 EL Olivenöl
2 Zwiebeln, gewürfelt
2 Knoblauchzehen, zermahlen
1 TL Ingwer
1 EL Paprika, zerkleinert
1 TL Kümmel
5 Tomaten
500ml Wasser
100g Kichererbsen, gekocht
3 EL Petersilie, geschnitten
3 EL Sellerieblätter, geschnitten
3 EL Koriander
1 EL Zitronensaft
1 EL Tomatenmark
2 EL Kichererbsenmehl
1 Prise Salz
1 Prise Pfeffer

1. Olivenöl in Kochtopf erhitzen und Zwiebeln darin sautieren.
2. Knoblauch, Ingwer, Paprika und Kümmel hinzugeben. Sautieren.
3. Wasser zum Kochen bringen und mitsamt Tomaten zur sautierten Mixtur geben. Deckel schließen und 10 Minuten köcheln lassen.
4. Gelöste Tomatenhaut aus dem Kochtopf entfernen.
5. Mixtur pürieren und würzen.
6. Restliche Zutaten außer dem Mehl zur pürierten Mixtur geben. Gut durchmengen.
7. Nochmals in Kochtopf zum Kochen bringen und danach 5 Minuten köcheln lassen.
8. Mit Mehl verdicken und 5 Minuten weiter köcheln.
9. Heiß servieren und genießen.

1-2 Portion

Belebender grüner Smoothie

Zutaten

Einige Ananasstücke

120g Babyspinat

250ml Kokosnussmilch

6 Eiswürfel

1 TL Alfalfapulver

Saft zweier Zitronen

1. Im Mixer mixen.
2. Zitronensaft erst nach dem Mixen hinzugeben.
3. In Glas schütten und genießen.

➔ *Granatapfelsaft ist eine gute Alternative zum Zitronensaft*

2 Portionen

Bohnen-Avocado-Sandwich

Zutaten

70g weiße Bohnen, zerstampft
2 EL Olivenöl
1 Prise Salz
1 Prise Pfeffer
4 Scheiben Brot, glutenfrei
Eine Handvoll Zwiebelringe
1 Karotten, hauchdünn geschnitten
1 Avocado, hauchdünn geschnitten
2 Handvoll Sojasprossen

1. Sandwichunterseite mit Bohnen bestreichen.
2. Zwiebelringe, Karotten, Sprossen und Avocado darüber.
3. Sandwichoberseite drauf und genießen.

➔ Meistens brate ich am Vortag für ein anderes Gericht mehr Zwiebeln als nötig an, umso die „Reste" am nächsten Tag für das Sandwich nehmen zu können.

4 Portionen

Bohneneintopf

Zutaten

2 EL Olivenöl
2 Gemüse-brühwürfel, zerkrümelt
2 Zwiebeln, gewürfelt
2 Äpfel, geschält und entkernt
2 Karotten, geschält
3 EL Tomatenmark
250ml Wasser
1 TL Oregano
1 TL Kümmel
300g Kidneybohnen, vorgekocht
1 Prise Salz
1 Prise Pfeffer

1. Ofen auf 180 Grad vorheizen.
2. Zwiebeln, Gemüsebrühe, Äpfel und Karotten fünf Minuten unter ständigem in Olivenöl Umrühren sautieren.
3. Wasser mit Tomatenmark vermengen. Gemeinsam mit Oregano und Kümmel zur sautierten Mixtur geben. Gut durchmengen.
4. 2 Minuten köcheln lassen.
5. Restliche Zutaten hinzugeben, Mixtur in Kasserolle geben.
6. Kasserolle zugedeckt 40 Minuten im Ofen backen.
7. Heiß servieren und genießen.
8. Optional: Sollte die Speise beim Backen zu trocken werden, einfach ein wenig Wasser hinzugeben.

2 Portionen

Buchweizen-Bananen-Porridge

Zutaten

250ml Wasser

170g Buchweizen

2 Grapefruits, geschält und geschnitten

1 EL Zimt

1l Mandelmilch

2 EL Mandelbutter

1. Wasser und Weizen vermengen.
2. Erhitzen und kochen, bis der Buchweizen alles Wasser aufgesogen hat.
3. Köcheln lassen und Mandelmilch hinzugeben. Gut umrühren.
4. Mandelbutter und Zimt hinzugeben.
5. In Müslischalen geben und mit Grapefruit garnieren.
6. Genießen.

2 Portionen

Einfacher Bohnen-Gurken-Salat

Zutaten

2 Gurken, geschält und spiralisiert (bzw. fein geschnitten)
2 Karotten
2 Tomaten
1 grüne Paprikaschote, geschnitten
2 Zwiebeln, gewürfelt
20g Koriander
80g Cashewkerne
50g Kichererbsen, gekocht und abgetropft
1 Prise Salz
1 Prise Knoblauchpulver
1 Prise Chilipulver
1 Prise Ingwerpulver
1 Prise Kümmel
1 Prise Kurkuma
Eine Handvoll Korianderblätter als Dekoration
Saft einer Zitrone

1. Zutaten in Salatschüssel vermengen.
2. Die Gewürze, das Salz und das Olivenöl Stück für Stück dabei hinzugeben.
3. Schließlich mit Zitronensaft beträufeln und Korianderblättern garnieren.
4. Genießen.

2 Portionen

Einfacher Granatapfelsalat

Zutaten

2 Handvoll Rosenkohlblätter
Saft einer Zitrone
2 Orangen, geschält und halbiert
3 EL Cashewpulver
Kerne eines Granatapfels
Eine Handvoll Pfefferminzblätter, zerkleinert
2 EL Olivenöl

1. Zutaten in Salatschüssel gut vermengen.
2. Mit Olivenöl und Zitronensaft beträufeln.
3. Genießen.

➔ Vorsicht beim Umgang mit den Granatäpfeln. Einmal nicht aufgepasst, kann man beim Entkernen aussehen, als ob man gerade aus der Schlachterei kommt.

1-2 Portion

Einfacher Himbeersmoothie

Zutaten

120g Himbeeren

250ml Mandelmilch

Saft zweier Grapefruits

Eine Prise Salz

1. Im Mixer mixen.
2. In Glas umfüllen und genießen.

➔ *Ich nehme besonders im Winter zumeist Himbeeren aus dem Tiefkühlfach. Die sind nur unwesentlich schlechter als die ganz frischen.*

2 Portionen

Einfacher Rübensalat

Zutaten

4 Rüben, geschält und dünn geschnitten
3 Karotten, geschält und spiralisiert (bzw. dünn geschnitten)
1 Sellerieherz, mit Blättern, geschnitten
Eine Handvoll Rucola
½ Rettich, geschnitten
1 Fenchel
1 EL Olivenöl
1 EL Zitronensaft
1 Prise Salz
1 Prise Pfeffer

1. Rüben, Sellerieherz und Blätter, Rettich, Rucola und Fenchel in Salatschüssel geben.
2. Gut durchmengen und mit Olivenöl sowieso Zitronensaft beträufeln.
3. Mit Salz und Pfeffer abschmecken. Genießen.

➔ Mit einem Spiralschneider kann man die Karotten richtig schön dekorativ schneiden.

4 Portionen

Einfacher veganer Burger

Zutaten

2 rote Paprikaschoten, geschnitten
2 EL Kokosnussöl
1 Prise Salz
1 Prise Pfeffer
4 vegane Burgerbrötchen, getoastet
4 EL Basilikumpesto
Eine Handvoll Rucola

1. Paprikaschote mitsamt Salz und Pfeffer in Kokosnussöl anbraten.
2. Burgerhälften mit Pesto einschmieren.
3. Burgerunterseite mit angebratenem Paprika bedecken.
4. Rucola obendrauf.
5. Warm genießen.

➔ Eines hab ich vergessen: Ich mache noch die obligatorische, saure Gurke drauf.

2 Portionen

Einfaches Bohnenfrühstück

Zutaten

1 Dose Weiße Bohnen (bzw. 200g, abgetropft)
4 Frühlingszwiebeln, gewürfelt
6 geviertelte Cocktailtomaten
2 EL Basilikum, geschnitten
400g Spinat
3 Knoblauchzehen, zermahlen
1 Avocado, gewürfelt
Saft einer Zitrone
2 EL Kokosnussöl
1 Prise Salz
1 Prise Pfeffer
3 EL Wasser
1 Kopfsalat

1. Das Wasser in einer Pfanne erhitzen und darin Tomaten, Bohnen und Zwiebeln andünsten.
2. Basilikum und Spinat hinzugeben. Kurz warten, bis der Spinat durch die Hitze sich zusammengezogen hat.
3. Mit Pfeffer und Salz würzen.
4. Salatblätter auf einem (bzw. zwei) Tellern verteilen. Darauf die Pfannenmixtur mitsamt den Avocadostücken geben.
5. Olivenöl und Zitronensaft darüberträufeln.
6. Genießen.

2 Portionen

Einfaches Süßkartoffeln-Curry

Zutaten

200g Kichererbsen, gekocht und abgetropft
2 EL Olivenöl
4 Süßkartoffeln, gewürfelt
1 Zwiebel, gewürfelt
1 EL Ingwerpulver
1 EL Currypulver
120ml Gemüsebrühe
200ml Kokosnussmilch
1 Prise Salz
1 Prise Pfeffer
Eine Handvoll Pfefferminzblätter

Beilage:
Spinat empfohlen

1. Zwiebeln in 1 EL Olivenöl sautieren.
2. Ingwer, Knoblauch, Currypulver und Salz hinzugeben. 2 Minuten köcheln lassen.
3. Kartoffeln und Gemüsebrühe hinzugeben. Ständig umrühren.
4. Sobald die Kartoffeln weich werden, Kokosnussmilch und Kichererbsen hinzugeben. Verrühren.
5. Sobald die Kartoffeln durch sind, vom Herd nehmen und mit Pfefferminzblättern garniert servieren.
6. Dazu, sofern gewünscht, Beilage nach Wahl servieren.

1-2 Portion

Energieboost-Smoothie

Zutaten

130g Kohl

1 Apfel, geschält und entkernt

1 Stange Sellerie, geschnitten

20g Minze, zermahlen

250ml Granatapfelsaft

1 EL Hanfsamen

1. Zutaten in Mixer mixen und den fertigen Smoothie anschließend in ein Glas zum Genießen geben.

➔ *Birne statt Apfel gibt dem Smoothie einen ganz anderen Touch*

5-6 Riegel

Energieriegel basische Art

Zutaten

1 Banane, zermatscht

40g Mandeln

40g Pflaumen, getrocknet

3 EL Sonnenblumen-kerne

3 EL Vanillepulver

50g Mandelmehl

1 EL Pfeilwurzpulver

1 EL Kokosnussöl

Optional: 2 EL Proteinpulver

1. Zermatschte Banane, Pfeilwurzpulver und Mandelmehl vermengen.
2. Kokosnussöl auf dem Backpapier bzw. in der Küchenmaschine gleichmäßig verteilen.
3. Restliche Zutaten hinzugeben und Masse in die Küchenmaschine, Brotbackautomat oder den Backofen geben.
4. Brotbackfunktion wählen bzw. im Backofen bei 130 Grad 30 Minuten backen lassen.
5. Abkühlen lassen und in Riegel schneiden.
6. Genießen.

4 Portionen

Erbsen-Orangen-Salat

Zutaten

150g Erbsen, eingeweicht

1 Lorbeerblatt

¼ Zwiebel, gewürfelt

Saft und Schale einer Orange

5 EL Olivenöl

6 Oliven, entkernt und geviertelt

4 Frühlingszwiebel, fein geschnitten
2
2 EL Petersilie, geschnitten

2 EL Basilikum, geschnitten

4 Orangen, geschnitten

Wasser

1. Erbsen, Lorbeer und Zwiebel in Topf geben. Mit Wasser auffüllen und bedecken. Zehn Minuten kochen, danach 60 Minuten auf kleiner Flamme köcheln lassen.
2. Olivenöl und Orangenschale/saft vermengen.
3. Mit Oliven, Frühlingszwiebeln und Gewürzen verfeinern.
4. Erbsen abtropfen und zum Olivengemisch hinzugeben.
5. Gut vermengen und würzen.
6. Anrichten und servieren. Orangen als Dekoration.
7. Genießen.

4 Portionen

Erbsenrisotto

Zutaten

750ml Gemüsebrühe

2 EL Olivenöl

1 Zwiebel, gewürfelt

3 Knoblauchzehen, zermahlen

200g Basmatireis

150g Erbsen (sofern aus dem Tiefkühlregal: in lauwarmen Wasser aufgetaut)

Ein paar Babyspinatblätter

Saft einer Zitrone

1 Prise Salz

1 Prise Pfeffer

1. Gemüsebrühe bzw. Brühwürfel in Wasser erhitzen.
2. Zwiebel mit Salz und Pfeffer in Olivenöl in einem Topf sautieren.
3. Knoblauch hinzugeben und vorsichtig weitersautieren.
4. Reis hinzugeben und gut vermengen. Mit heißer soweit Gemüsebrühe übergießen, dass alles mit Wasser bedeckt ist.
5. Unter ständigem Umrühren köcheln lassen, bis alle Flüssigkeit aufgesogen wurde.
6. Restliche Brühe hinzugeben und köcheln lassen, bis diese aufgesogen wurde.
7. Restliche Zutaten hinzugeben und mit Zitronensaft verfeinern.
8. Alles gut verrühren und zwei Minuten köcheln lassen.
9. Servieren und genießen.

4-6 Portionen

Erdbeer-Spinat-Salat

Zutaten

50g Erdbeeren, halbiert
500g Spinatblätter, abgewaschen und dünn geschnitten
½ Zwiebel, gewürfelt
1 TL Stevia
1 Avocado, geschält, entkernt und geschnitten
2 EL Chiasamen
1 TL Olivenöl
1 Prise Salz

1. Alle Zutaten in Salatschüssel vermengen.
2. Mit Salz und Olivenöl beträufeln.
3. Genießen.

➔ Zumeist kann man sich mit gefrorenen Erdbeeren begnügen. Die sind ja in der Regel direkt oder kurz nach der Ernte eingefroren worden, weswegen die Qualität ausreichend gut ist.

1 Portion

Erfrischender Minzsmoothie

Zutaten

130g Heidelbeeren

150g Spinat, geschnitten

250ml Mandelmilch

2 EL Minze, geschnitten

1 TL Stevia

Ein Stück Zitrone oder ein paar Minzblätter zum Garnieren

1. Mandelmilch und Spinat im Mixer mixen.
2. Sobald sich eine einheitliche Masse gebildet hat die restlichen Zutaten hinzugeben.
3. Erneut mixen, bis sich eine einheitliche Masse bildet.
4. In ein Glas geben und genießen.

4-6 Portionen

Feine Süßkartoffelwedges

Zutaten

6 Süßkartoffeln, geschält und in Wedgesform geschnitten

4 EL Kokosnussöl

1 TL Currypulver

1 Prise Salz

2 Zucchini, spiralisiert oder hauchdünn geschnitten

1. Ofen auf 220 Grad vorheizen.
2. Kartoffeln und Kokosnussöl mitsamt Salz und Curry vermengen.
3. Kartoffeln gleichmäßig auf einem Backblech verteilen.
4. Backen lassen und ab und zu wenden.
5. Nach 15 Minuten Backzeit die Zucchini über das Backblech und die Kartoffeln streuen.
6. Weitere 5 Minuten backen.
7. Kurz abkühlen lassen und genießen.

2-4 Portionen

Feiner Kichererbsensalat

Zutaten

200g Kichererbsen, gekocht
200g Spinat
1 Avocado, gewürfelt
Ein paar Korianderblätter
1 Zwiebel, gewürfelt
2 Zucchini, spiralisiert oder dünn geschnitten
Saft einer Zitrone
2 EL Kokosnussöl
1 Prise Salz
1 Prise Schwarzer Pfeffer
2 EL Currypulver
Eine Handvoll Rosinen
2 EL Chiasamen

1. Öl in Kochtopf erhitzen. Stück für Stück Zucchinistücke mitsamt Currypulver und Salz hinzugeben und sautieren.
2. Kichererbsen hinzugeben und unter ständigem Rühren ein paar Minuten köcheln.
3. Vom Herd nehmen und abkühlen lassen.
4. In der Zwischenzeit Avocado, Rosinen, Zwiebel und Babyspinat in einer Schüssel vermengen.
5. Zucchini-Kichererbsenmasse hinzugeben. Restliche Zutaten hinzugeben und mit Zitronensaft beträufeln.
6. Servieren und genießen.

1-2 Portionen

Fenchelsaft

Zutaten

80g Fenchel, geschnitten

2 EL Fenchelsamen

400g Spinat

200g Karotten, gewürfelt

1 Birne, geschält und geschnitten

120ml Zitronensaft

5 Eiswürfel

1. Alle Zutaten gut abwaschen.
2. Fenchel, Spinat, Karotten und Birne in den Entsafter geben.
3. Ein wenig Zitronensaft hinzugeben.
4. Entsaften.
5. Den fertigen Saft mit Fenchelsamen garnieren.
6. Eiswürfel und restlichen Zitronensaft hinzugeben und servieren.
7. Genießen.

12 Portionen

Feurige Kürbismuffins

Zutaten

1 EL Leinsamen
180ml Wasser
100g Reismehl
60g Buchweizenmehl
60g Tapiokastärke
1 TL Gewürznelken
1 Prise Muskatnuss
1 TL Backpulver mit Natron
1 Prise Salz
300g Kürbispüree
120ml Kokosnussöl
50g Mandeln, geschnitten

1. Ofen auf 160 Grad vorheizen.
2. Leinsamen und Wasser energisch verquirlen. Anschließend die Mischung 10 Minuten ruhen lassen.
3. Reismehl und Buchweizenmehl in einer Schüssel vermengen.
4. Tapiokastärke, Backpulver und Salz hinzugeben.
5. In separater Schüssel Kürbispüree mit Kokosnussöl, Wasser und der Leinsamenmixtur vermengen.
6. Inhalt beider Schüsseln kombinieren. Klumpenbildung vermeiden.
7. Mandeln sukzessive einrühren.
8. In Muffinformen umfüllen und 40-45 Minuten backen lassen.
9. Abkühlen lassen und genießen.

6 Portionen

Gebackener Apfel mit Himbeeren

Zutaten

2 EL Zitronensaft

4 EL Wasser

1 TL Stevia

1 TL Zimt

3 Äpfel

120g Himbeeren

1. Ofen auf 200 Grad vorheizen.
2. Zitronensaft, Wasser und Stevia in einer Schüssel zu einer Sauce vermengen.
3. Äpfel halbieren und entkernen.
4. Apfelhälften in die Sauce tunken. Restliche Sauce beiseite stellen.
5. Äpfel im Backofen 25 Minuten backen.
6. Fertige Äpfel mit Himbeeren überträufeln.
7. Restliche Sauce über die Speise geben und gleichmäßig verteilen.
8. Ofen auf 150 Grad runterdrehen und die Speise noch 10 Minuten weiterbacken.
9. Heiß servieren und genießen.

2 Portionen

Gemüsecurry basischer Art

Zutaten

250ml Gemüsebrühe
250ml Kokosnussmilch
1 EL Currypaste
1 TL Ingwer
1 Prise Salz
170g Paprika, geschnitten
100g Grüne Bohnen
2 Karotten, gewürfelt
1 Süßkartoffel, gewürfelt
150g Tofu, gewürfelt
1 EL Zitronensaft
1 EL Basilikum, geschnitten

1. Gemüsebrühe, Kokosnussmilch, Ingwer, Salz sowie Curry in Kochtopf geben. Zum Kochen bringen.
2. Sobald es kocht Paprika, Bohnen, Karotten und Kartoffeln hinzugeben.
3. Ungefähr 5 Minuten auf kleiner Flamme köcheln lassen.
4. Tofu hinzugeben und weitere 5 Minuten köcheln lassen.
5. Mit den restlichen Zutaten abschmecken, umrühren und servieren.
6. Heiß genießen.

4-6 Portionen

Gemüsepaella

Zutaten

3 EL Olivenöl
1 Zwiebel, gewürfelt
1 Aubergine, geschnitten
1 Zucchini, geschnitten
1 rote Paprikaschote, geschnitten
3 Knoblauchzehen, zermahlen
2 Tomaten, geschnitten
1 TL "Smoked Paprika"-Gewürz
250g Arborioreis
1,5l Wasser
Eine Prise Safran
100g Grüne Bohnen, geschnitten
100g Erbsen

1. Zwiebeln, Aubergine, Zucchini und rote Paprikaschote in Olivenöl im Kochtopf sautieren.
2. Knoblauch hinzugeben und eine Minute anschwitzen.
3. Tomaten, Reis und Paprikagewürz hinzugeben.
4. 750ml Wasser mitsamt Safran und Salz hinzugeben.
5. Gut durchmengen und Deckel schließen.
6. Zehn Minuten auf hoher Hitzestufe kochen lassen.
7. Restliches Wasser hinzugeben und nun 20 Minuten bei mittlerer Hitze kochen lassen. Nicht mehr umrühren.
8. Grüne Bohnen und Erbsen hinzugeben. 5 Minuten weiterkochen lassen.
9. Kurz 5 Minuten ruhen lassen und servieren. Genießen!

4 Portionen

Grapefruit-Avocado-Salat

Zutaten

2 Avocados, dünn geschnitten
2 EL Natives Olivenöl Extra
1 Prise Salz
3 EL Mandelpulver
2 Grapefruits, geschält und geschnitten
Eine Handvoll Rosinen

1. Zutaten in Salatschüssel vermengen.
2. Mit Olivenöl beträufeln und Salz darübergeben.
3. Genießen.

➔ Einfacher Salat, der jedoch schnell vorbereitet ist und ordentlich schmeckt.

1-2 Portionen

Grapefruit-Kokosnuss-Saft

Zutaten

2 Grapefruits

250ml Kokosnusswasser

250ml Mandelmilch

½ Zitrone

1 TL Ingwer

100ml Wasser

4 Eiswürfel

1. Wasser erwärmen (nicht kochen) und Ingwer hinzugeben. Umrühren, damit sich der Ingwer darin auflöst.
2. Zitrone und Grapefruit auspressen und die Säfte zum Wasser-Ingwer-Gemisch hinzugeben.
3. Kokosnusswasser und Mandelmilch hinzugeben. Gut verrühren.
4. Eiswürfel rein und genießen.

2-3 Portionen

Grüner-Tee-mit-Spinat-Power-Smoothie

Zutaten

200g Babyspinat

1 kleine Avocado

250ml abgekühlter grüner Tee

Saft zweier Grapefruits

1. Zutaten im Mixer mixen.
2. Die Avocado am besten Stück für Stück hinzugeben, bis sich eine einheitliche Masse bildet.
3. In Glas umfüllen und genießen.

➔ *Idealer Kaffeeersatz. Nicht ganz säurefrei, aber deutlich säureärmer als Kaffee: Damit ein gutes Ersatzgetränk. Ich mache einfach am Vorabend eine Kanne Tee und lasse diese über Nacht stehen*

4 Portionen

Gulasch basischer Art

Zutaten

1 Zwiebel, gewürfelt
1 Knoblauchzehe, zermahlen
2 Karotten, geschält, geschnitten
3 Zucchini, gewürfelt
2 EL Olivenöl
1 EL Paprikapulver
1 Messerspitze Muskatnuss
1 EL Petersilie
1 EL Tomatenmark
400g Tomaten, geschält
2 Dose Kidneybohnen, gewaschen und abgetropft
120ml Tomatensaft
1 Prise Salz
1 Prise Pfeffer

1. Zwiebel, Knoblauch, Karotten und Zucchini mit Olivenöl im Topf sautieren.
2. Paprika, Muskat, Petersilie und Tomatenmark hinzugeben.
3. Ebenso Tomaten, Bohnen und Tomatensaft hinzugeben und gut durchmengen.
4. 10 Minuten auf niedriger Flamme köcheln lassen.
5. Heiß servieren und genießen.

2 Portionen

Gurken-Melonen-Smoothie

Zutaten

170g Honigmelone, in Stücke und ohne Schale

150g Gurke, gewürfelt

250ml Kokosnusswasser

1 EL Pfefferminze

1 EL Koriander

1 Prise Salz

Saft einer Zitrone

1. Zutaten außer dem Salz im Mixer mixen.
2. Anschließend dem Smoothie Salz hinzugeben.
3. Servieren und genießen.

➔ *Es schmeckt auch mit „normalem" Wasser, wenn auch nicht ganz so gut wie mit Kokosnusswasser*

2 Portionen

Gurkensalat auf Paleoart

Zutaten

3 Gurken, spiralisiert oder dünn geschnitten
1 Zwiebel, gewürfelt
Saft einer Zitrone
100ml Kokosnussmilch
1 Prise Salz
1 Prise Pfeffer
2 EL Rosinen
2 EL Chiasamen
1 EL Koriander
2 EL Olivenöl
1 Avocado, gewürfelt
50g Sojasprossen

1. Zutaten in Salatschüssel vermengen.
2. Servieren.

➔ Mit einem Spiralschneider geht das Rezept natürlich deutlich leichter von der Hand.

4 Portionen

Gurkensalat

Zutaten

300g Quinoa, gekocht
3 Gurken, geschält und geschnitten
1 Zwiebel, gewürfelt
3 EL Zitronensaft
2 EL Olivenöl
3 EL Kokosnussmilch
1 Prise Salz
1 Prise Pfeffer
2 Avocados, geschält, entkernt und geschnitten
50g Heidelbeeren
1 TL Koriander

1. Zutaten in einer Schüssel verquirlen.
2. Mit Zitronensaft, Olivenöl und Kokosnussmilch beträufeln.
3. Salz und Pfeffer dazugeben, gut vermengen und servieren.

➔ Statt Quinoa kann man auch Kichererbsen nehmen.

4-6 Portionen

Hanf-Protein-Crêpe

Zutaten

750ml Mandelmilch

2 EL Kokosnussöl

300g Reismehl

40g Hanfsamen

1 Banane, zermatscht und geschält

1 EL Olivenöl

1. Mandelmilch, Kokosnussöl, Mehl und Hanfsamen in Schüssel geben und vermengen.
2. Banane hinzugeben und einrühren, bis es eine einheitliche Masse bildet.
3. Olivenöl in einer Bratpfanne bei mittlerer Hitze erhitzen.
4. ¼ des Hanfgemisches in die Pfanne geben.
5. Sobald die Ecken des Crêpe schön braun werden vorsichtig wenden und die andere Seite anbraten.
6. Fertigen Crêpe anschließend beiseiteliegen.
7. Wiederholen, bis die ganze Hanfmasse zu Crêpe verarbeitet wurde.
8. Genießen.

10-12 Portionen

Hummus mit rotem Pfeffer

Zutaten

300g Kichererbsen, gekocht, eingeweicht und abgetrocknet

170g rote Paprikaschote, gewürfelt und angebraten

2 Knoblauchzehen, zermahlen

½ Jalapenopaprika, gewürfelt

4 EL Olivenöl

Ein wenig Wasser

1 Prise Salz

1 Prise Schwarzer Pfeffer

1. Kichererbsen, Paprika und Knoblauch (ggf. im Mixer zu einer einheitlichen Masse mixen und anschließend) pürieren.
2. Masse würzen.
3. Olivenöl hinzugeben und bei Bedarf ein wenig Wasser.
4. Fertig.
5. Optional: Ideale Beilage zu Brot oder Obst- und Gemüsestücken.

1-2 Portionen

Ingwer-Protein-Smoothie

Zutaten

130g Kohl

Samen eines Granatapfels

1 Karotte, gewürfelt

1 TL Ingwer

250ml Kokosnusswasser

60g Hanfproteinpulver

1. Zutaten im Mixer mixen.
2. Eventuell ist etwas Geduld nötig. Mixen bis es eine einheitliche Masse bildet.
3. Servieren und genießen.

➔ *Ideal nach dem Joggen oder Krafttraining*

4 Portionen

Ingwersuppe

Zutaten

10 Karotten, geschält und geschnitten
1 Zwiebel, gewürfelt
4 EL Ingwer, zermahlen
750ml Gemüsebrühe
2 EL Kokosnussöl
1 Prise Salz
1 Prise Pfeffer

1. Kokosnussöl erhitzen.
2. Sobald es heiß ist, bei niedriger Flamme darin Karotten und Ingwer erhitzen. Ständig umrühren.
3. Gemüsebrühe und Gewürze hinzugeben und köcheln lassen, bis die Karotten schön weich sind.
4. Fertige Masse im Mixer mixen.
5. Warm oder kalt genießen.
6. Optional: Ein wenig Petersilie als Verfeinerung hinzugeben.

2 Portionen

Japanischer-grüner-Tee-Smoothie

Zutaten

250ml Kukichatee

250ml Kokosnussmilch

150g Spinat

1 Banane

1 TL Ingwer

1 Apfel

50g Mandeln, eingeweicht

1. Zutaten im Mixer mixen.
2. Umrühren und servieren.

➔ Koffeinhaltig. Ideal als Kaffeeersatz

4-6 Portionen

Kalte Heidelbeerensuppe

Zutaten

300g Heidelbeeren

1 Knoblauchzehe, zermahlen

1 Prise Salz

4 EL Koriander

2 EL Pfefferminze

1 Gurke, gewürfelt

200ml Wasser

1. Heidelbeeren waschen und zu Brei zermatschen.
2. Mit einem Sieb die Feststoffe der Heidelbeeren rausfiltern, sodass nur die saftartige Masse übrigbleibt.
3. Knoblauch und Salz hinzugeben.
4. Koriander, Pfefferminze und einen Teil der Gurkenstücke hinzugeben. Gut durchmengen.
5. Wasser hinzugeben, bis gewünschte Konsistenz erreicht wurde.
6. Suppe eine Stunde ruhen lassen.
7. Beim Servieren die restlichen Gurkenstücke in die Suppe geben.
8. Optional: Suppe mit etwas mehr Wasser auf dem Herd erhitzen und heiß servieren.

2-3 Portionen

Karotten-Ingwer-Brei

Zutaten

10 Karotten, geschnitten

1 Zwiebel, gewürfelt

4 EL Ingwer, in Pulverform

500ml Gemüsebrühe

2 EL Olivenöl

1 Prise Salz

1. Zwiebeln und Ingwer mit Olivenöl sautieren.
2. Karotten hinzugeben und alles gut durchmengen. Sautieren.
3. Nach ein paar Minuten Gemüsebrühe hinzugeben und 15 Minuten auf kleiner Flamme köcheln lassen.
4. Gemisch abkühlen lassen und anschließend im Mixer mixen.
5. Genießen.
6. Optional: Als Brotaufstrich nutzen.

4-6 Portionen

Karotten-Tomaten-Suppe

Zutaten

6 Tomaten, geschält

2 Karotten

1 TL Ingwer, zermahlen

3 Knoblauchzehen, zermahlen

2 EL Olivenöl

120ml Gemüsebrühe

120ml Kokosnussmilch

1 Prise Salz

1 Prise Pfeffer

1. Alle Zutaten im Mixer zu einer einheitlichen Masse mixen.
2. Servieren und genießen.
3. Optional: Ein paar Quinoa oder Kichererbsen (gekocht) hinzugeben.
4. Optional: Bei niedriger Flamme leicht erwärmen. NICHT zum Kochen bringen.

➔ Wer es mag: Ein Schuss Tabasco verschärft das Ganze deutlich.

4-6 Portionen

Kleine Apfelfrühstücksbeilage

Zutaten

2 Äpfel, geschält und gewürfelt

1 EL Kokosnussöl

1 TL Zimtpulver

2 EL Chiasamen

Stevia zum Süßen nach Bedarf

2 EL Kakaopulver

1 EL Gerstengras

1. Apfel, Zimt, Kokosnussöl und Zitronensaft in kleinen Kochtopf geben.
2. Bei mittlerer Hitze das Gemisch einige Minuten weich kochen.
3. Mit Stevia nach Bedarf süßen.
4. Als Beilage zu Pudding oder Porridge servieren.
5. Genießen.

4-6 Portionen

Kleine Haselnussfrühstücksbeilage

Zutaten

300g Haselnuss

2 EL Kakaopulver

1 TL Vanilleextrakt

10 Tropfen Steviaextrakt

1. Ofen auf 190 Grad vorheizen.
2. Haselnuss gleichmäßig auf dem Backblech verteilen. 15 Minuten im Ofen rösten lassen.
3. Anschließend die Haselnüsse in eine Schüssel geben und schälen.
4. Geschälte Nüsse in den Mixer geben und zermahlen.
5. Kakaopulver, Vanilleextrakt und Stevia hinzugeben.
6. In Einmachglas umfüllen. Deckel verschließen und in den Kühlschrank stellen.
7. Ideale Beilage zu Pudding, Porridge und Früchten.

4 Portionen

Knoblauch mit Pilzen

Zutaten

2 EL Olivenöl

2 Knoblauchzehen, zermahlen

¼ TL Thymian

¼ TL Petersilie

¼ TL Salbei

150g Pilze, geviertelt

2 Karotten, geschnitten

2 EL Schnittlauch, geschnitten

1 Prise Pfeffer

1 Prise Salz

1. Knoblauch im Kochtopf mit Olivenöl sautieren.
2. Kräuter und Pilze hinzugeben. Mit Salz und Pfeffer abschmecken. 10 Minuten köcheln lassen.
3. Fertige Mixtur mit Schnittlauch und Karotten garnieren.
4. Servieren und genießen.

➔Als Sättigungsbeilage passt Wildreis gut dazu.

2 Portionen

Kohlsuppe mit Kichererbsen

Zutaten

1 Zwiebel, gewürfelt
3 Knoblauchzehen, zermahlen
2 Selleriestangen, gewürfelt
2 EL Rotwein
4 EL Olivenöl
1l Gemüsebrühe
1 Prise Salz
1 Prise Schwarzer Pfeffer
1 TL Basilikum
1 Dose Kichererbsen (ca. 200g), abgetropft
70g Kohl, geschnitten und ohne Strunk

1. Sellerie, Knoblauch, Zwiebeln und Olivenöl in Kochtopf geben. 4 Minuten sautieren.
2. Gemüsebrühe mitsamt Basilikum, Kichererbsen, Salz und Pfeffer hinzugeben.
3. Deckel auf den Kochtopf und nun das Ganze zum Kochen bringen.
4. Sobald es kocht, auf kleiner Flamme 15 Minuten köcheln lassen.
5. Anschließend den Topfinhalt pürieren.
6. Zur pürierten Mixtur den Kohl hinzugeben und 10 Minuten bei kleiner Flamme köcheln lassen.
7. Heiß genießen.

2 Portionen

Kokosnuss-Apfel-Kakao-Genuss

Zutaten

2 Äpfel, geschält und gewürfelt

1 EL Kokosnussöl

1 TL Zimtpulver

2 EL Chiasamen

Stevia zum Süßen nach Bedarf

2 EL Kakaopulver

1 EL Gerstengras

1. Kokosnussöl erhitzen.
2. Apfel, Zimt und Stevia hinzugeben. Andünsten.
3. Von der heißen Kochplatte nehmen und Kakao sowie Chiasamen hinzugeben.
4. Gut verrühren.
5. In Dessertformen geben und mit Gerstengras garnieren.
6. Im Kühlschrank abkühlen lassen.
7. Genießen.

1 Backblech

Kokosnuss-Macaron

Zutaten

200g Kokosnussbutter

60g Kokosnussraspeln

4 Tropfen Stevia

1 TL Vanille

1 Prise Zimt

1 Messerspitze Muskatnuss

1. Ofen auf 160 Grad vorheizen.
2. Kokosnussbutter auf kleiner Flamme und unter ständigem Umrühren erhitzen und schmelzen.
3. Zutaten in einer Schüssel gut vermengen.
4. Ggf. mit ein wenig mehr Kokosnussraspeln eine dickflüssigere Konsistenz erzielen.
5. Kleine Gebäckstückchen formen und auf ein Backblech legen.
6. 15 Minuten backen. Ggf. früher aus dem Ofen nehmen, wenn die Gebäckstückchen anzubrennen drohen.
7. Abkühlen lassen und servieren.

4 Portionen

Kokosnuss-Auberginen-Zauber

Zutaten

1 Aubergine, geschnitten

1 Zwiebel, gewürfelt

1 TL Chilipulver

500ml Kokosnussmilch

1 Prise Salz

1 Prise Pfeffer

1. Ofen auf 180 Grad vorheizen.
2. Eine Schicht Auberginenstücke in Kasserolle auslegen. Oben drauf eine Schicht Zwiebeln und Gewürzen legen.
3. Eine weitere Schicht Auberginenstücke darüberlegen und erneut mit Zwiebeln und Gewürzen belegen. Wiederholen, bis alles verbraucht wurde.
4. Als Letztes Kokosnussmilch darüberschütten.
5. Kasserolle mit Alufolie abdecken und 60 Minuten im Ofen backen.
6. Folie entfernen und weitere 10 Minuten im Ofen backen.
7. Heiß servieren und genießen.

4 Portionen

Kürbis-Avocado-Salat

Zutaten

500g Kürbis, gewürfelt
1 EL Olivenöl
2 Avocados, gewürfelt
Saft einer Zitrone
½ Kopfsalat

Dressing:
150ml veganer Joghurt
3 EL Pfefferminze, geschnitten
1 EL Stevia
2 TL Kümmel
1 Prise Salz
1 Prise schwarzer Pfeffer

1. Ofen auf 200 Grad vorheizen.
2. Kürbisstücke gleichmäßig auf Backblech verteilen und mit Olivenöl beträufeln.
3. 15 Minuten backen.
4. Gebackene Kürbisstücke abkühlen lassen.
5. Alle Dressingzutaten vermengen.
6. Salatblätter auf Teller verteilen und Kürbisstücke darauf legen. Mit Dressing übergießen.
7. Genießen.

3-4 Portionen

Kürbiskern-Spinat-Tomaten-Suppe

Zutaten

130g Kürbiskerne

4 EL Wasser

4 EL Sonnenblumenöl

1 Zwiebel, gewürfelt

1 Tomate, geschnitten

120ml Tomatenmark

1kg Spinat

1 Prise Salz

1 Prise

Cayennepfeffer

250ml Wasser

1. Kürbiskerne in Bratpfanne rösten. Abkühlen lassen.
2. Kürbiskerne mit 4 EL Wasser im Mixer mixen zu einer einheitlichen Masse vermengen.
3. Sonnenblumenöl in Kochtopf erhitzen und darin die Zwiebel sautieren.
4. Tomaten, Spinat, Salz, Pfeffer und Tomatenmark mitsamt restlichem Wasser hinzugeben. Zum Kochen bringen und danach 30 Minuten mit geschlossenem Deckel köcheln lassen. Immer wieder umrühren.
5. Genießen und servieren.
6. Optional: Reis als Beilage servieren.

2 Portionen

Kürbis-Zimt-Porridge

Zutaten

250ml Mandelmilch

250ml Wasser

170g Quinoa

115g Kürbis, püriert

1 TL Zimt

2 EL Leinsamen, gemahlen

Saft einer Zitrone

1. Wasser und Milch vermengen.
2. Mischung in Kochtopf zum Kochen bringen.
3. Restliche Zutaten außer Leinsamen und Zitronensaft hinzugeben.
4. 10 Minuten köcheln lassen, bis alle Flüssigkeit aufgesogen wurde.
5. Anschließend vom Herd nehmen und Leinsamenmehl hinzugeben.
6. Vermengen und portionsweise in kleine Servierschüsseln geben.
7. Mit Zitronensaft beträufeln.
8. Optional: Kürbiskerne als Garnierung oben drauf.

2 Gläser Marmelade

Leckere Marmeladensünde

Zutaten

200g Ananas, gestückelt

200g Grapefruit, gestückelt

1 EL Zimt

1 EL Ingwer

½ TL Muskatnuss

4 EL Kokosnussöl

60ml Kokosnussmilch

1. Kokosnussöl bei mittlerer Flamme erhitzen.
2. Früchte hinzugeben und ständig umrühren.
3. Sobald die Früchte weich werden würzen.
4. Unter ständigem Umrühren weiter köcheln und Kokosnussöl einfließen lassen.
5. Nach einigen Minuten bzw. wenn die Früchte richtig weich geworden sind das Gemisch abkühlen lassen.
6. Kalte bzw. lauwarme Mixtur in Marmeladengläser umfüllen.
7. Wenigstens ein paar Stunden, idealerweise über Nacht, der Marmelade im Kühlschrank vor dem Verzehr Zeit geben.
8. Genießen.

6 Portionen

Leckere Süßkartoffelbrühe

Zutaten

4 Süßkartoffeln
1 Zucchini, geschnitten
300g Kohl, geschnitten
200g Sellerie, geschnitten
5 Karotten, geschnitten
75g Zwiebeln, zermahlen
15g Petersilie
80g Rüben
5 Knoblauchzehen
80g Leinsamen
1 TL Ingwer
1 Prise Salz
1 Prise Pfeffer
2 EL Olivenöl
3l Wasser

1. Gemüse und Kartoffeln in eine große Schüssel mitsamt Wasser geben.
2. Bei kleiner Flamme zum Kochen bringen. 4 Stunden köcheln lassen.
3. Salz, Olivenöl und Gewürze hinzugeben.
4. Abschütten, Brühe beiseitestellen.
5. Fertig ist die trinkbare Brühe.
6. Optional: Brühe nicht abschütten und alles zu einer einheitlichen Masse pürieren. Als Suppe genießen.

4 Portionen

Leichter Tomatensalat

Zutaten

1 Frühlingszwiebel, dünn geschnitten
5 Tomaten, geschnitten
2 Gurken, geschält, spiralisiert oder dünn geschnitten
6 Basilikumblätter
50g Alfalfasprossen
1 Prise Salz
1 Prise Pfeffer
Saft einer Zitrone
1 EL Avocadoöl

1. Zutaten in Salatschüssel alle gut miteinander vermengen.
2. Servieren.

➔ Einfach und doch lecker.

2 Portionen

Leinsamen-Avocado-Zauber

Zutaten

2 Avocado, geschält, geschnitten und entkernt

250ml Kokosnussmilch

1 EL Leinsamen

50g Sojasprossen

1 TL Olivenöl

1 Prise Salz

1. Zutaten in Schüssel geben und alles gut miteinander vermengen.
2. Genießen.

➔ *Dazu ein wenig getoastetes Brot als Beilage kommt immer gut*

1-2 Portion(en)

Leinsamen-Chia-Nachtisch

Zutaten

100g Heidelbeeren

360ml Kokosnussmilch

1 EL Chiasamen

1 EL Leinsamen

1 TL Kakaopulver

2 EL Stevia

1 TL Zimt

1. Zutaten im Mixer mixen.
2. Servieren oder im Kühlschrank kühlen und ruhen lassen für später.

➔ Die Einfachheit der Zubereitung ist der Schlüssel: Wenn es einem mal nach was Süßem gelüstet, hat man so schnell einen leckeren Nachtisch herbeigezaubert, ohne zur Chipstüte etc. greifen zu müssen.

4 Portionen

Ofenbananen mit Birne und feiner Orangensauce

Zutaten

2 Orangen

2 Birnen

4 Bananen

1 TL Stevia

Wasser

1. Ofen auf 180 Grad vorheizen.
2. Schale einer der Orangen vorsichtig in dünne Scheiben schneiden.
3. In heißem Wasser die Scheiben blanchieren. Abtropfen lassen und zur Seite stellen für später.
4. Zweite Orange schälen. Von beiden Orangen den Saft auspressen.
5. Birnen schälen und entkernen. Mitsamt den ausgepressten Orangen in einem Mixer vermixen, bis sich eine einheitliche Masse bildet. Mit Stevia süßen.
6. Bananen schälen und mit der Birnen-Orangen-Sauce übergießen.
7. 15 Minuten im Ofen backen. Am besten dabei die Speise abdecken.
8. Die blanchierten Orangenscheiben als Dekoration darübergeben und heiß servieren.
9. Genießen.

10 Portionen

Paleo-Biskuit-Snack

Zutaten

450g Kokosnussmehl

30g Stevia

2 EL Backpulver

1 Prise Salz

300ml Mandelmilch

200ml Kokosnussöl

1. Ofen auf 200 Grad vorheizen.
2. Mehl, Stevia, Backpulver und Salz in einer Schüssel vermengen.
3. Mandelmilch hinzugeben. Energisch durchrühren, sodass sich eine einheitliche Masse bildet.
4. Mit den Händen die Masse zu kleinen Biskuits formen.
5. Die Biskuits 20 Minuten backen, bis sie goldbraun werden.
6. Abkühlen lassen und genießen.

➔Der Säureanteil ist für einen Biskuit relativ überschaubar.

2 Portionen

Paleo-Mandel-Porridge

Zutaten

100g Mandeln, geschnitten

20g Kokosnuss, geschnitten

2 EL Kürbiskernsamen

2 EL Chiasamen

1 EL Leinsamen

1 TL Zimt

1 TL Mandelextrakt

500ml Wasser

Naturjoghurt nach Belieben

Marmelade nach Belieben

1. Trockene Zutaten abzüglich Gewürze in Mixer zermahlen.
2. Wasser erhitzen und anschließend das Pulver hinzugeben. Gut vermengen.
3. Würzen und mit Joghurt und/oder Marmelade servieren.
4. Genießen.

2 Portionen

Papayasalat

Zutaten

Eine Handvoll Kopfsalatblätter, geputzt
1 Papaya, hauchdünn geschnitten
Eine Handvoll Radieschen, dünn geschnitten
3 EL Cashewkerne
Eine Handvoll Cocktailtomaten

Dressing:
1 EL Ahornsirup
2 EL Kokosnussmilch
1 rote Chilischote, hauchdünn geschnitten
Saft zweier Zitronen
1 Knoblauchzehe, zermahlen

1 EL Olivenöl
1 Prise Salz

1. Salatdressingzutaten vermengen.
2. Salatzutaten in Salatschüssel vermengen und Stück für Stück das Dressing hinzugeben.
3. Mit Öl und Salz beträufeln.
4. Servieren und genießen.

10-12 Portionen

Paprikaschotenhummus

Zutaten

200g Kichererbsen, gekocht, abgetropft
50g rote Paprikaschote, geschnitten, angebraten
3 Knoblauchzehen, zermahlen
½ Jalapenopaprika, zermahlen
1 Prise Salz
1 Prise Pfeffer
4 EL Olivenöl
2 EL Koriander
Saft einer Zitrone
Ein wenig Wasser

1. Kichererbsen, Koriander, Paprikaschote, Knoblauch und Jalapeno im Mixer mixen.
2. Olivenöl, Zitronen und ggf. Wasser hinzugeben und vermengen, bis die gewünschte Konsistenz erreicht wurde.
3. Würzen und Salzen.
4. Servieren.
5. Optional: Ideal als Dip oder zu frischem Gemüse.

4-6 Portionen

Pistousuppe

Zutaten

4 EL Olivenöl
1 Lauch, geschnitten
4 Selleriestangen, geschnitten
1 Zwiebel, gewürfelt
750g Gemüsemischung (Tiefkühltruhe oder selbst gemachte)
1 Dose Navybohnen, gewaschen und getrocknet
1 Prise Thymian
1 Prise Rosmarin
2 Lorbeerblätter
1l Wasser
1 Prise Salz
1 Prise Pfeffer

Pistou:
2 Knoblauchzehen, zermahlen
1 Tomate, geschnitten
Ein paar Basilikumblätter
8 EL Olivenöl
1 Prise Salz

1. Öl im Topf erhitzen und Lauch, Sellerie, Zwiebeln und Knoblauch darin sautieren.
2. Salz/Pfeffer hinzugeben und restliche Zutaten (außer Pistouzutaten) hinzugeben.
3. 5 Minuten köcheln lassen.
4. Wasser hinzugeben und zum Kochen bringen. Dann anschließend 30 Minuten köcheln.
5. Pistou: Knoblauch und Salz mit dem Mörser zerkleinern. Tomaten, Basilikumblätter und Olivenöl hinzugeben und zu einer Paste verarbeiten.
6. Die fertige Suppe servieren und mit ein wenig Pistoupaste garnieren.
7. Genießen.

2 Portionen

Quinoa-Gazpacho

Zutaten

4 Gurken, geschält

6 Tomaten

80g Quinoa, gekocht

2 EL Olivenöl

1 Prise Salz

1 Prise Pfeffer

2 Knoblauchzehen

1 Prise Oregano

1 Prise schwarzer Pfeffer

1. Tomaten, Gurken und Knoblauchzehen im Entsafter entsaften.
2. Dem fertigen Saftgemisch die restlichen Zutaten zugeben und gut vermischen.
3. Kalt genießen.
4. Optional: Mit 100-200ml Wasser bei mittlerer Flamme köcheln und heiß genießen.

2 Portionen

Quinoa-Kokosnuss-Salat

Zutaten

340g Quinoa, gekocht
3 EL Kokosnussöl
1 Knoblauchzehe, zermahlen
1 TL Currypulver
1 TL Koriander
½ TL Knoblauchpulver
100g Radieschen, geviertelt
Eine Handvoll Rucolablätter
2 Meerrettiche, geschnitten bzw. spiralisiert
2 EL Rosinen
1 Prise Salz
Saft einer Zitrone

1. Kokosnussöl erhitzen und darin Knoblauch sautieren.
2. Quinoa, Curry- und Knoblauchpulver hinzugeben. Bei niedriger Hitze köcheln lassen und ständig umrühren, bis sich das Quinoaaroma richtig entfaltet.
3. Salzen und abkühlen lassen.
4. Restliche Zutaten in Salatschüssel vermengen.
5. Quinoamixtur hinzugeben, gut vermengen und mit Zitronensaft beträufeln. Ein paar Minuten ruhen lassen.
6. Servieren und genießen.

2 Portionen

Quinoasalat

Zutaten

170g Quinoa, gekocht
1 Knoblauchzehe, zermahlen
1 Gurke, geschnitten
Eine Handvoll Rucolablätter
1 rote Paprika, geschnitten
1 Avocado, gewürfelt
2 EL Chiasamen
2 EL Olivenöl
2 EL Kokosnussmilch
1 Prise Salz
1 Prise Pfeffer
Saft einer Zitrone

1. Zutaten in Salatschüssel geben und gut durchmengen.
2. Am Schluss mit Olivenöl, Kokosnussmilch und Zitronensaft beträufeln.
3. Genießen.

1-2 Portionen

Rübensaftmixtur

Zutaten

2 Selleriestangen

2 Gurken

1 EL Petersilie

1 EL Pfefferminze

1 Rübe

Saft einer Zitrone

Saft einer Limette

1 TL Olivenöl

1 Prise Salz

1. Alle Zutaten gut abwaschen und ggf. kleinschneiden.
2. Sellerie, Gurken, Petersilie, Minze und Rübe entsaften.
3. Der Saftmixtur die restlichen Zutaten zugeben und verrühren.
4. Genießen.

4 Portionen

Säurearme Heidelbeermuffins

Zutaten

100g Mandelmehl

30g Mandeln

4 EL Kokosnussraspeln

2 TL Backpulver mit Natron

1 Banane, zermatscht

120ml Mandelmilch

1 TL Vanilleextrakt

100g Heidelbeeren

Muffinformen

1. Ofen auf 180 Grad vorheizen.
2. Mehl, Mandeln, Kokosnussraspeln und Backpulver in einer Schüssel vermengen.
3. Separat Banane mit Mandelmilch und Vanilleextrakt vermengen.
4. Bananenmixtur vorsichtig in die Mehlmixtur mittig eingießen und einfließen lassen.
5. Heidelbeeren ebenso vorsichtig der Backmischung hinzugeben.
6. Backmischung in Muffinformen geben.
7. 25 Minuten backen.
8. Warm genießen oder kalt genießen.

2-4 Portionen

Säurearme Tomatensuppe

Zutaten

4 Tomaten, gewürfelt
3 Gurken, gewürfelt
1 rote Paprika, gewürfelt
1 Zwiebel, gewürfelt
250ml Kokosnussmilch
150ml Wasser
Ein paar Korianderblätter
3 Knoblauchzehen, zermahlen
Saft einer Zitrone
1 Prise Salz
1 Prise Pfeffer
2 EL Olivenöl
1 Prise Cayennepfeffer
1 Schuss Tabasco

1. Alle Zutaten außer Öl und Gewürze zu einer einheitlichen Masse vermengen.
2. Anschließend würzen und Öl hinzugeben. Gut vermengen.
3. Kalt genießen.
4. Optional: Auf dem Herd bei mittlerer Temperatur erhitzen und weitere 150ml Wasser zugeben, um die Suppe auch heiß zu genießen.

8 Portionen

Säurereduzierte Schokoladenbrownies

Zutaten

200g Mandelmehl

1 TL Backpulver

1 Prise Salz

1 Banane, zermatscht

1 EL Stevia

1 EL Vanilleextrakt

100g dunkle Schokolade, in kleinen Stückchen

4 EL Kokosnussöl

50g Walnüsse

30g dunkle Schokoflocken

Wasser

Brownieförmchen

1. Ofen auf 180 Grad vorheizen.
2. Brownie-Backform mit Kokosnussöl einschmieren.
3. Salz, Mehl und Backpulver absieben und in Schüssel geben.
4. In separater Schüssel Banane, Stevia und Vanilleextrakt zu einer einheitlichen Masse vermengen.
5. Dunkle Schokolade mit restlichem Kokosnussöl in einem Topf zum Schmelzen bringen.
6. Geschmolzene Schokoladenmixtur zum Bananengemisch geben. Gut vermengen.
7. Die neue Mixtur mittig in die Schüssel mit Mehl eingießen und einfließen lassen.
8. Walnussstücke und Schokoflocken hinzugeben. Gut durchmengen und in Brownieförmchen geben.
9. 25 Minuten backen.
10. Abkühlen lassen und genießen.

➔ Ganz wird man die Säure natürlich hier nicht los. Doch wenn Brownies bei einer basischen Ernährung, dann sind diese SO am „wenigsten schlimm"

2 Portionen

Scharfe Avocadosuppe

Zutaten

2 Avocados, geschält und entkernt
2 Gurken, geschält und gewürfelt
150ml Kokosnussjoghurt
2 EL Schnittlauch, geschnitten
2 EL Koriander
1 EL Zitronensaft
1 Prise Salz
½ Jalapenopaprika, gewürfelt
1 Prise Schwarzer Pfeffer
1 TL Ingwer
1 Knoblauchzehe, zermahlen
100ml Wasser

1. Alle Zutaten außer den Gewürzen im Mixer mixen, bis sich eine einheitliche Masse bildet.
2. Fertige Mixtur würzen.
3. Heißes Wasser hinzugeben. Bei Bedarf und je nach Vorliebe auch gerne mehr.
4. Servieren und genießen.
5. Optional: Auch kalt ein Genuss.

➔ *Gerne auch zum Frühstück. Dann meist an kalten Wintertagen, wenn man draußen etwas vorhat*

2 Portionen

Scharfe Zucchininudeln mit Kichererbsen

Zutaten

2 Zucchini, spiralisiert bzw. hauchdünn geschnitten
100g Kichererbsen, gekocht
1 TL Currypulver
1 TL Korianderpulver
1 Zwiebel, gewürfelt
1 Prise Salz
1 Prise schwarzer Pfeffer
2 EL Kokosnussöl
4 EL Kokosnussmilch
1 Avocado, gewürfelt
Saft einer Zitrone

1. Kokosnussöl erhitzen und Zwiebeln darin sautieren.
2. Zucchini hinzugeben und unter ständigem Umrühren köcheln lassen.
3. Kichererbsen hinzugeben und weiterhin umrühren. Nach und nach Gewürze und Kokosnussmilch hinzugeben.
4. Sobald die Zucchini weich werden den Herd ausschalten und das Gemisch mit Avocadostücken garnieren.
5. Mit Zitronensaft beträufeln.
6. Servieren und genießen.

4 Portionen

Schnelle Quinoa-Bowl

Zutaten

170g Quinoa, gekocht
1 Kohl, fein geschnitten, entstrunkt
120ml Zitronensaft
2 EL Olivenöl
½ Jalapenopaprika, gewürfelt
1 TL Kümmel
1 Prise Salz

Salsa:
1 Avocado, geschnitten
2 Tomaten, geschnitten
1 Jalapenopaprika, gewürfelt
Eine Handvoll Korianderblätter, geschnitten
½ Zwiebel, gewürfelt
Saft einer Zitrone

1. Zitronensaft, Olivenöl, Jalapenopaprika, Kümmel und Salz zu Dressing verquirlen.
2. Kohl in Salatschüssel geben und mit Dressing übergießen. Gut vermengen.
3. In einer weiteren Schüssel die Salsazutaten vermengen.
4. Kohlmischung und Quinoa vermengen. Salsa als Topping obendrüber.
5. Genießen.

2 Portionen

Schoko-Porridge

Zutaten

80g Quinoa, gekocht

2 EL Kakaopulver, ungesüßt

500ml Mandelmilch

Eine Handvoll Mandelsplitter

Eine Handvoll Cranberries

2 EL Kokosnusschips, getrocknet

2 EL Mandelbutter, ungesüßt

1 EL Ingwerpulver

1. Quinoa mit Kakaopulver in Müslischale vermengen.
2. Mandelmilch hinzugeben. Gut vermengen.
3. Optional: Über Nacht das Gemisch stehen lassen.
4. Nochmals durchmengen und restliche Zutaten hinzugeben.
5. Gut vermengen und genießen.

2-4 Portionen

Schwarze-Bohnen-Tacos

Zutaten

Bohnenmixtur:
1 EL Olivenöl
1 Zwiebel, gewürfelt
2 Knoblauchzehen, zermahlen
2 EL Tomatenmark
80g schwarze Bohnen, gekocht und abgetropft
500ml Gemüsebrühe
1 TL Kümmel
1 TL Chilipulver

Brokkoli:
1 Brokkoli, kleingeschnitten
3 EL Olivenöl
1 Prise Salz
1 Prise Pfeffer

Tacosauce:
80ml vegane Mayonnaise
2 EL Zitronensaft
3 EL scharfe Asiasauce
1 Prise Salz
1 Prise Pfeffer

8 Tacos, glutenfrei

1. Ofen auf 200 Grad vorheizen.
2. Brokkolistücke mit Kokosnussöl vermengen. Salz und Pfeffer hinzugeben.
3. Auf einem Backblech den Brokkoli 30 Minuten goldbraun backen. Zwischendurch einmal wenden. Beiseitestellen für später.
4. Knoblauch und Zwiebeln in Kokosnussöl sautieren. Salz und Pfeffer hinzugeben.
5. Tomatenmark, Kümmel und Chilipulver hinzugeben und gut vermengen.
6. Gemüsebrühe und schwarze Bohnen hinzugeben. 10 Minuten köcheln lassen.
7. In der Zwischenzeit die Saucenzutaten verquirlen.
8. Tortilla mit Bohnenmixtur und oben drauf Brokkoli befüllen. Sauce darübergeben und genießen.

4-6 Portionen

Selbstgemachte Kohlblätterchips

Zutaten

Blätter von zwei Kohlköpfen

2 EL Olivenöl

1 Prise Salz

1 Prise Schwarzer Pfeffer

1 TL Currypulver

1. Ofen auf 150 Grad vorheizen.
2. Kohlblätter ins Olivenöl tunken und auf dem Backblech verteilen.
3. Gewürze darüber streuen.
4. Je Seite 20 Minuten backen, dann wenden.
5. Die fertigen Kohlchips abkühlen lassen.
6. Genießen.
7. Optional: Salsadip dazu servieren.

➔ *Sehr gerne mit anderen Gewürzen experimentieren.*

Selbstgemachte vegane Mayonnaise

Zutaten

120ml Mandelmilch
2 EL Zitronensaft
1 EL Dijonsenf
120ml Olivenöl
1 Prise Salz
1 Prise Pfeffer

1. Zutaten gut vermengen.
2. Genießen.
3. Optional: Mandelpulver oder ein wenig Kokosnussöl hinzugeben.

➔ Ganz nützlich, wenn man vegane Gäste hat oder ein komplett veganes Gericht haben möchte. Ansonsten – ich gebe es ja zu – nehme ich zumeist „normale" Majo.

Dip für eine 2-Personen-Mahlzeit

Selbstgemachtes Hummus

Zutaten

1 Dose Kichererbsen

4 EL Tahina

Saft zweier Zitronen

6 EL Olivenöl

4 Knoblauchzehen, zermahlen

1 Prise Salz

1. Kichererbsen mitsamt Brühe aus der Dose (oder alternativ Gemüsebrühe) zu einer einheitlichen Masse vermixen.
2. Zitronensaft, Knoblauch, Tahina und 3 EL Olivenöl hinzugeben.
3. Weitermixen, bis sich eine einheitliche Masse bildet.
4. Eine Stunde ruhen lassen.
5. Servieren und dabei mit dem restlichen Olivenöl beträufeln.
6. Ideal zu Gemüse oder auch Beilagenbrot.

4 Portionen

Selbstgemachtes Kokosnussmilchgetränk

Zutaten

1l Wasser

120g Kokosnussflocken

1 EL Ahornsirup

1. Wasser und Flocken im Mixer mixen, bis es eine einheitliche Masse bildet.
2. Mit einem Mulltuch/Käseleinen oder Sieb absieben.
3. Einen Schuss Ahornsirup hinzugeben.
4. Fertig.

➔ Entweder ideal zum Kochen (bei anderen Gerichten), aber auch gegen den kleinen Hunger zwischendurch hilfreich.

4 Portionen zu je 250ml

Selbstgemachtes Mandelmilchgetränk

Zutaten

1l Wasser

150g Mandeln

1 Prise Salz

2 EL Ahornsirup

1. Mandeln mit ein wenig Salz im Wasser 12 Stunden einweichen.
2. Anschließend im Mixer zu einer einheitlichen Masse mixen.
3. Mit einem Mulltuch/Käseleinen absieben.
4. Abgesiebte Milch wieder in den Mixer geben. Ahornsirup hinzugeben und kurz erneut mixen.
5. Im Kühlschrank ruhen lassen.
6. Servieren und genießen.
7. Optional: Mit ein paar Spritzern Zitronensaft beim Servieren verfeinern.

4 Portionen

Sesam-Haselnuss-Proteinbombe

Zutaten

50g Sesamkerne

80g Haselnuss, geröstet

3 EL Koriandersamen

2 EL Kümmel

1 EL Olivenöl

1 Prise Salz

1 Prise schwarzer Pfeffer

Wraps zum Befüllen

1. Sesamkerne rösten und in einer separaten Schüssel abkühlen lassen. Dasselbe mit den Haselnüssen machen, sofern diese noch rösten müssen.
2. Koriander und Kümmel ebenfalls rösten, dabei aber vorsichtig sein: Sehr empfindlich!
3. Alle Zutaten außer dem Öl und den Wraps in einen Mixer geben und zermahlen, bis sich ein einheitliches, trockenes Pulver bildet.
4. Wraps mit der Mixtur befüllen.
5. Olivenöl als Dip.
6. Genießen.
7. Optional: Statt Olivenöl einen leckeren Salsadip nehmen.

2 Portionen

Sommergemüsesalat

Zutaten

1 Rote Beete, geschnitten
6 Radieschen, geschnitten
1 Orange
½ Zwiebel, gewürfelt
1 Zucchini, spiralisiert oder dünn geschnitten
1 rote Paprika, geschnitten
Eine Handvoll Mandeln

Dressing:
2 EL Olivenöl
2 TL Oregano
1 Knoblauchzehe, zermahlen
2 Tropfen Stevia
2 EL Kokosnussmilch
1 EL Petersilie, geschnitten
Saft einer Zitrone
1 Prise Salz

1. Zucchini in Kokosnussöl anschwitzen.
2. Danach alle Salatzutaten mitsamt Zucchini in Salatschüssel geben und vermengen.
3. Dressingzutaten vermengen und anschließend über den Salat geben.
4. Genießen.

1-2 Portionen

Spinat-Grapefruit-Saft

Zutaten

150g Spinat

1 Grapefruit

1 Karotte

2 Selleriestangen

1 Rübe

½ TL Zimt

1 TL Ingwer

Ein paar Pfefferminzblätter

1 EL Chiasamen

1. Alle Zutaten gut abwaschen und kleinschneiden.
2. Entsaften und alles gut miteinander verrühren.
3. Zum Abschluss die Chiasamen und die Pfefferminzblätter (als Garnierung) hinzugeben.
4. Genießen.

➔ *Schmeckt auch ohne Spinat*

2 Portionen

Spinat-mit-Avocado-Salat

Zutaten

400g Spinatblätter, geschnitten
1 Avocado, gewürfelt
1 Pfirsich, entkernt und geschnitten
200g Tomaten, geschnitten
Eine Handvoll Mandeln
2-4 dünne Scheiben Tofu
2 EL Olivenöl
Saft einer Zitrone
1 Prise Pfeffer
1 Prise Salz

1. Zutaten in einer Schüssel vermengen.
2. Mit Olivenöl und Zitronensaft beträufeln.
3. Salz und Pfeffer dazugeben.
4. Genießen.

4-5 Portionen

Spinatsuppe basischer Art

Zutaten

2 EL Kokosnussöl
2 Lauch, weißer Teil, fein geschnitten
4 Knoblauchzehen, zermahlen
4 Selleriestangen, geschnitten
3 Brokkoliköpfe, geschnitten
2l Gemüsebrühe
200g Spinat, die Blätter fein geschnitten
Eine Handvoll Petersilie
1 Prise Salz
1 Prise Pfeffer

1. Knoblauch und Lauch in Kokosnussöl in einem Kochtopf sautieren, bis der Lauch leicht braun wird.
2. Brokkoli und Sellerie zugeben.
3. 5 Minuten sautieren und ständig umrühren.
4. Gemüsebrühe hinzugeben und auf niedriger Flamme zum Kochen bringen.
5. Brokkoli herausnehmen, sobald er schön weich wird.
6. Spinat und Petersilie kurz in den Topf geben, damit diese erwärmt werden.
7. Alle Zutaten in einen Mixer geben und zu einer einheitlichen Masse mixen.
8. Würzen und Salzen.
9. Servieren und genießen.

1-2 Portionen

Süßer Pfirsichsmoothie

Zutaten

2 Pfirsiche, geschält und entkernt

250ml Mandelmilch

8 Eiswürfel

2 EL Hanfsamen

1 TL Ingwer

Saft zweier Zitronen

1. Pfirsich, Mandelmilch und Zitronen in den Mixer geben. Mixen.
2. Anschließend die restlichen Zutaten hinzugeben.
3. Servieren und genießen.

➔ *Ideal, wenn es mal schön süß sein soll, ohne jedoch gleich mit Zucker oder Zuckerersatzstoffen zu arbeiten*

4 Portionen

Süßkartoffelgebäck

Zutaten

500g Süßkartoffeln, gewürfelt
1 Knoblauchzehe, zermahlen
1 scharfe Paprika, fein geschnitten
1 Prise Salz
1 Prise Pfeffer
1 Messerspitze Muskatnuss
2 EL Koriander
1 EL Zitronensaft
3 EL Kichererbsenmehl
1 EL Kokosnussöl
Ein paar Korianderblätter

Sauce:
100ml Tamarindenpaste
250ml Wasser
1 TL Ingwer
1 TL Kümmel
1 EL Stevia

1. Kartoffeln in heißem Wasser ganz normal kochen.
2. Zwischenzeitlich Tamarinde mit Wasser vermengen und 15 Minuten köcheln lassen.
3. Tamarindenmixtur mit Ingwer, Kümmel und Stevia abschmecken. Kurz zum Kochen bringen und danach weiterköcheln, bis es dickflüssig wird.
4. Die fertige Kartoffeln mit Knoblauch, Paprika, Salz, Pfeffer, Muskat, Koriander, Zitronensaft und Mehl vermengen. Daraus hackbällchengroße Kugeln formen.
5. Die Kugeln plattdrücken und beidseitig in einer Pfanne mit Kokosnussöl anbraten.
6. Das fertige Kartoffelgebäck mit ein wenig Sauce übergießen und genießen.
7. Optional: Reis oder Kichererbsen als Beilage.

6 Portionen

Süßkartoffelkuchen

Zutaten

1 EL Olivenöl
1 Lauch, fein geschnitten
1 Pastinake, gewürfelt
1 Karotte, gewürfelt
1 Selleriestange, gewürfelt
2 Knoblauchzehen, zermahlen
2 Dose Tomaten
1 EL Tomatenmark
400g Linsen, gekocht, abgetropft
150g Erbsen
1 Prise Salz
1 Prise schwarzer Pfeffer

Topping:
4 Süßkartoffeln, geschnitten
1 TL vegane Margarine
1 Handvoll Dill

1. Lauch, Karotte, Pastinake in Olivenöl sautieren.
2. Knoblauch mitsamt Salz und Pfeffer hinzugeben.
3. Tomaten und Tomatenmark hinzugeben. 20 Minuten köcheln lassen. Bei Bedarf etw. Wasser hinzugeben, falls die Masse zu fest wird.
4. Süßkartoffeln im Topf 20 Minuten kochen, bis sie weich sind. Wasser wegschütten und Kartoffeln zerstampfen und Margarine hinzugeben.
5. Dill zu den Kartoffeln geben.
6. 5 Minuten die Kartoffeln weiterkochen.
7. Ofen auf 180 Grad vorheizen.
8. Linsen zum Tomatengemisch hinzugeben, ebenso die Erbsen. Das Gemisch auf dem Herd kochen, bis alles gut durchgewärmt wurde.
9. Tomatenmixtur in eine Backform geben. Süßkartoffelmixtur kommt obendrüber.
10. 30 Minuten backen, bis der Kuchen aufgeht.
11. 10 Minuten abkühlen lassen und servieren.

2 Portionen

Süßkartoffeln mit Dijonsenf

Zutaten

2 EL Olivenöl

500g Kartoffeln, geschält und gewürfelt

1 Zwiebel, gewürfelt

2 EL Kapern

100ml Saure Sahne, vegan

1 EL Dijonsenf

1 Prise Salz

1 Prise Pfeffer

Ein wenig Wasser

1. Olivenöl in Pfanne erhitzen. Kartoffeln und Zwiebel hinzugeben.
2. Ein wenig Wasser hinzugeben und sautieren, bis die Kartoffelstücke weich sind. Immer wieder umrühren.
3. Restliche Zutaten in einer Schüssel vermengen. Saure Sahne oben drauf dazugeben.
4. Die fertigen Kartoffeln und die Mixtur aus der Schüssel zusammen auf einem Teller servieren und genießen.
5. Optional: Beilagensalat servieren.

3 Portionen

Süßkartoffeln thailändischer Art

Zutaten

3 Süßkartoffeln
120ml Kokosnussmilch
70g Mandelbutter
1 EL Sojasauce
1 EL Chilisauce
1 TL Olivenöl
1 TL Paprikapulver
2 Knoblauchzehen, zermahlen
2 Tropfen Stevia
1 Prise Salz
2 EL Kokosnussöl
200g Kichererbsen, gekocht und abgetropft
1 rote Paprika, geschnitten
1 Messerspitze Knoblauchpulver
1 Prise Pfeffer
2 Zwiebeln, gewürfelt
1 EL Koriander
Eine Handvoll Cashewkerne

1. Ofen auf 200 Grad vorheizen.
2. Kartoffeln mit Messer halbieren.
3. 80 Minuten im Backen in Folie eingewickelt backen.
4. Knoblauch, Paprikapulver, Olivenöl, Knoblauchsauce, Sojasauce, Kokosnussmilch und Mandelbutter im Mixer mixen. Mit Stevia süßen.
5. Rote Paprika, Zwiebeln und Kichererbsen in Kokosnussöl fünf Minuten sautieren.
6. Gebackene Kartoffelhälften mit sautierten Zutaten und der gemixten Paste beschmieren.
7. Mit Koriander und Cashewkernen garnieren.
8. Genießen.

2-4 Portionen

Süßkartoffelsalat mit Cocktailtomaten

Zutaten

500g Süßkartoffeln, gewürfelt

200g Babyspinat

150g Cocktailtomaten

1 rote Paprikaschote, geschnitten

4 EL Olivenöl

4 Schalotten, geschnitten

1 Knoblauchzehe, zermahlen

2 EL Dill

2 EL Petersilie

1 Prise Salz

1 Prise Pfeffer

1. Kartoffeln mit Wasser ca. 20 Minuten im Topf weichkochen.
2. Zwischenzeitlich Knoblauch und Schalotten mit Olivenöl in einer Bratpfanne sautieren.
3. Dill hinzugeben und 2 Minuten weitersautieren.
4. Fertig sautiertes Gemisch würzen und salzen.
5. Fertige Kartoffelstücke abtropfen und mit der sautierten Würzmischung beträufeln.
6. Abkühlen lassen und anschließend restliche Zutaten hinzugeben.
7. Durchrühren und servieren.
8. Genießen.

2-3 Portionen

Tacosalat

Zutaten

Paste:
60g Sonnenblumen-kerne
1 TL Chilipulver
1 TL Kümmel
1 TL Pfeffer
1 Prise Salz

Cashewsalsa:
150g Cashewkerne, eingeweicht
Saft einer Zitrone
1 Prise Salz
250ml Wasser

Avocadodip:
1 Avocado, gewürfelt
½ Zwiebel, gewürfelt
2 Tomaten
1 TL Kümmel
Saft einer Zitrone
1 Prise Salz
1 EL Olivenöl

Dazu Salat nach Wahl

1. Alle Pastenzutaten zusammenmengen und zu einer einheitlichen Masse mischen.
2. Cashewkerne mit Wasser und Zitronensaft ebenfalls zu einer einheitlichen Masse mischen. Würzen.
3. Beide gemischten Mixturen zusammen vermengen.
4. Salat putzen und schneiden. Salatblätter auf einem Teller anrichten.
5. Avocadodipzutaten vermengen und auf den Salatblättern verteilen.
6. Pasten- und Cashewkernmixtur schlussendlich als Topping obendrauf.
7. Genießen.

4 Portionen

Thai-Kohl-Salat basischer Art

Zutaten

1 Kohlkopf, entstrunkt
1 Zwiebel, gewürfelt
2 EL Kokosnusssauce (oder eine asiatische Sauce nach Wahl)
Saft zweier Zitronen
120ml Kokosnussmilch
2 Jalapenopaprikas, gewürfelt
Zeste einer Zitrone
2 rote Paprika, gewürfelt
3 Knoblauchzehen, zermahlen
1 EL Kokosnussöl

1. Zwiebelwürfel in Kokosnussöl sautieren.
2. Knoblauchzehen, Paprika und Jalapeno hinzugeben. Goldbraun sautieren.
3. Kohlblätter in heißem Wasser blanchieren. Abtropfen lassen.
4. Kokosnusssauce, Zitronenzeste und Zitronensaft mit Kokosnussmilch vermengen.
5. Kohlblätter und sautierte Zutaten vermengen. Mit der Kokosnussmilchmischung beträufeln.
6. Servieren und genießen.

4 Portionen

Tofu in schwarzer-Bohnen-Sauce

Zutaten

75g Pilze, getrocknet
200ml Wasser
250g Tofu
3 EL Kokosnussöl
4 grüne Paprikaschoten, geschnitten
1 Chilischote, geschnitten
2 Knoblauchzehen, geschnitten
1 EL Maisstärke

Beilage:
Brauner Reis empfohlen

Sauce:
2 EL schwarze Bohnen Sauce
3 EL vegane Sojasauce oder Worcestersauce
1 EL Tomatenmark
1 EL Hoisinsauce

1. Wasser zum Kochen bringen. Anschließend die Pilze hineinlegen und 30 Minuten einweichen lassen.
2. Pilze kleinschneiden und alle Saucenzutaten hinzugeben.
3. Tofu abtropfen und kleinschneiden.
4. Pilze, grüne Paprika, Chili und Knoblauch in einem Topf mit Kokosnussöl sautieren.
5. Pilzsauce hinzugeben und zwei Minuten ständig umrühren, bis die Sauce eindickt.
6. Maisstärke in das übriggebliebene Pilzwasser geben. Vermengen und in den Kochtopf zum Rest hinzugeben.
7. Ständig umrühren und sobald die Gesamtmasse eindickt, den Tofu hinzugeben.
8. Gut vermengen und kurz den Tofu warm werden lassen.
9. Servieren und mit Beilage nach Wahl (sofern gewünscht) genießen.

2-4 Portionen

Tomatensuppe für Genießer

Zutaten

600g Tomaten, geschält (in warmes Wasser legen und Haut abpulen)
4 Lauch, dünn geschnitten
6 Knoblauchzehen, zermahlen
2 EL Kokosnussöl
250ml Gemüsebrühe
1 Dose Kokosnussmilch
1 Prise Salz
1 Prise Pfeffer

1. Lauch mit Öl sautieren.
2. Knoblauch hinzugeben und eine Minuten lang umrühren.
3. Hautlose Tomaten zu einer einheitlichen Masse vermixen.
4. Tomatenmixtur zum sautierten Lauch geben und bei niedriger Hitze köcheln lassen.
5. Kokosnussmilch, Gemüsebrühe, Salz und Gewürz hinzugeben.
6. Köcheln lassen und ab und zu umrühren.
7. Sobald alles gut durchwärmt ist servieren.
8. Genießen.

4 Portionen

Tropisches Knuspermüsli

Zutaten

1 TL Kokosnussöl
2 EL Steviapulver
1 TL Ingwerpulver
1 TL Vanilleextrakt
170g Quinoa, gekocht
½ TL Zimt
30g Mandeln, eingeweicht
30g Kürbiskerne
30g Kokosnuss, gedörrt
30g Datteln, gedörrt
Ein wenig Naturjoghurt (Menge nach Belieben)

1. Ofen auf 150 Grad vorheizen.
2. Kokosnussöl, Stevia und Vanilleextrakt zu einem Sirup verquirlen.
3. Zimt und Quinoa vermengen und gleichmäßig auf dem Backblech verteilen.
4. 10 Minuten im Ofen backen.
5. Anschließend Mandeln, Kürbiskerne und gedörrte Kokosnuss hinzugeben und gleichmäßig verteilen.
6. Sirup darüber träufeln und gleichmäßig verteilen.
7. Weitere 20 Minuten backen.
8. Gedörrte Datteln hinzugeben und das Ganze abkühlen lassen.
9. Abgekühlte Mixtur in Müsliriegelstücke schneiden und genießen.

2-3 Portion

Tropisch-würziger Smoothie

Zutaten

100g Heidelbeeren

200g Papaya, gestückelt

1 Banane

5 Eiswürfel

500ml Grüner Tee, abgekühlt

1 TL Kurkuma

1 TL Ingwer

1 Prise Cayennepfeffer

1. Zutaten im Mixer mixen.
2. Anschließend Gewürze hinzugeben.
3. In Glas geben und genießen.

➔ *Wenn Papaya gerade nicht frisch zur Hand ist: Im Discounter und im Supermarkt gibt es oft tropische Früchte aus dem Tiefkühlregal.*

12 Muffins

Vegane Apfel-Zimt-Muffins

Zutaten

3/2 EL Leinsamen, gemahlen
5/2 EL Wasser
3 TL Kokosnussöl
2 Äpfel, gewürfelt und geschält
250ml Kokosnussmilch, ungesüßt
200ml Zitronensaft
Ein paar Tropfen Steviaextrakt
3 EL Pflanzenöl nach Wahl
½ TL Vanilleextrakt
180g glutenfreie Mehlmischung
1 TL Zimt
1 TL Kaisernatron
1 Prise Salz
50g Haferflocken

1. Ofen auf 190 Grad vorheizen.
2. Muffinform vorbereiten.
3. Leinsamen und Wasser in einem Kochtopf verquirlen. 10 Minuten ruhen lassen.
4. Anschließend bei mittlerer Hitze Kokosnussöl hinzugeben.
5. Äpfel und ein wenig Zimt hinzugeben. Gut vermengen und sautieren.
6. Anschließend Gemisch vom Herd nehmen.
7. Kokosnussmilch, Zitronensaft, Stevia, Öl und Vanilleextrakt in einer Schüssel vermengen. Anschließend verquirlen, bis das Gemisch eine cremige Masse bildet.
8. In einer separaten Schüssel das Mehlgemisch, restlichen Zimt und Kaisernatron sowie Salz vermengen.
9. Inhalt beider Schüsseln zusammengeben und gut durchmengen, bis es eine einheitliche Masse bildet.
10. Sautierte Äpfel und Haferflocken hinzugeben.
11. Gemisch in die Muffinformen geben.
12. Ungefähr 20 Minuten im Ofen backen.
13. 15 Minuten abkühlen lassen und genießen.

2-4 Portionen

Vegane Süßkartoffeln-Bohnen-Quinoa-Bowl

Zutaten

2 Süßkartoffeln, gewürfelt
200g schwarze Bohnen, gekocht und abgetropft
170g Quinoa
2 Karotten, geschnitten
2 Rüben, geschnitten
½ Rotkohl, zerkleinert
1 Grünkohl, zerkleinert
Saft einer Zitrone
2 Avocados, gewürfelt
Ein Klecks Hummus
2 EL Kokosnussöl
1 Prise Salz
1 Prise Pfeffer

1. Ofen auf 200 Grad vorheizen.
2. Backform mit Kokosnussöl einschmieren. Kartoffelstücke hineingeben.
3. Mit Salz und Pfeffer würzen und 30 Minuten im Ofen backen.
4. In der Zwischenzeit Quinoa kochen (sofern nicht schon gekochtes gekauft wurde).
5. Die fertigen Kartoffelstücke in einer Servierschüssel verteilen. Restliche Zutaten gleichmäßig darübergeben.
6. Mit Zitronensaft beträufeln und ggf. würzen (nach Wahl).
7. Genießen.

3-4 Portionen

Veganes Bohnenchili

Zutaten

4 EL Natives Olivenöl Extra
1 Zwiebel, gewürfelt
5 Knoblauchzehen, zermahlen
2 Jalapenopaprikas, geschnitten
2 grüne Paprikaschoten, geschnitten
100g Sellerie, geschnitten
200g Tomaten, geschnitten
750ml Gemüsebrühe
60ml Tomatenmark
200g Kidneybohnen, gekocht
1 TL Kümmel
1 TL Chilipulver
2 EL Oregano
1 TL Pfeffer
1 Prise Salz

1. Öl im Topf erhitzen und darin Zwiebel und Knoblauch sautieren.
2. Salz, Jalapenos und Sellerie hinzugeben. Unter ständigem Umrühren ein paar Minuten sautieren.
3. Tomaten, Gemüsebrühe und Tomatenmark hinzugeben. Alles gut vermengen.
4. Restliche Zutaten hinzugeben und gut vermengen. 15 Minuten auf kleiner Flamme köcheln lassen.
5. Servieren und genießen.
6. Optional: Mit Koriander und einem Klecks saurer Sahne garnieren.

1 Portion

Veganes Paleo-Porridge

Zutaten

30g Walnusskerne

2 EL Kürbiskerne

1 EL Chiasamen

1 TL Zimt

1 TL Muskatnuss

250ml Kokosnussmilch

1 TL Kokosnussöl

Saft einer Zitrone

Saft einer Grapefruit

1. Zutaten in Schüssel vermengen und Kokosnussmilch dazugeben.
2. Umrühren und servieren.

➔ *Sättigt lange und gibt Kraft für den Tag*

1-2 Portion

Verführerischer Kirschen-Chia-Smoothie

Zutaten

100g Kirschen, entkernt

100g Babyspinat

250ml Mandelmilch

2 EL Chiasamen

Eine Prise Ingwer

1. Nur Spinat und Kirschen im Mixer mixen.
2. Anschließend erst die restlichen Zutaten hinzugeben.
3. In Glas geben und genießen.

➔ *Ich mag den Smoothie ganz besonders mit Sauerkirschen*

2-3 Portionen

Wachmachersaft

Zutaten

60g Brunnenkresse

3 Tomaten

1 TL Fenchel

1 TL Ingwer

2 EL Petersilie

Saft einer Zitrone

1 TL Macapulver

1 EL Olivenöl

1. Alle Zutaten gut abwaschen und ggf. kleinschneiden.
2. Entsaften.
3. Dem fertigen Saft das Macapulver hinzufügen.
4. Verrühren und anschließend Olivenöl und Zitronensaft hinzugeben.
5. Fertig.

2-3 Portionen

Wassermelonen-Smoothie

Zutaten

100g Heidelbeeren

150g Wassermelone, in Stücken ohne Schale

1 TL Ingwer

250ml Kokosnusswasser

1 EL Chiasamen

5 Eiswürfel

1. Alles im Mixer mixen.
2. Servieren und genießen.

➔ *Schmeckt auch mit „normalem Wasser" statt Kokosnusswasser noch ganz gut*

4 Portionen

Zimt-Apfel-Hafer-Zauber

Zutaten

500ml Mandelmilch

500ml Wasser

2 TL Vanilleextrakt

200g Haferflocken

2 EL Chiasamen

2 TL Zimt

1 EL Gestenpulver

Saft einer Zitrone

2 EL Kokosnussöl

2 Äpfel, geschält und gewürfelt

1. Hafer mit erhitzen Wasser in Schale geben. Vermengen und abdecken.
2. In der Zwischenzeit Kokosnussöl in Pfanne bei mittlerer Hitze erwärmen. Äpfel darin sautieren.
3. Sautierte Äpfel in die Schale hinzugeben.
4. Mandelmilch, Chiasamen, Vanilleextrakt und Gerstenpulver hinzugeben.
5. Mit Zitronensaft beträufeln.
6. Genießen.

8 Portionen

Zimt-Kürbis-Brot

Zutaten

1 EL Olivenöl
2 EL Leinsamen
2 EL warmes Wasser
350g Kürbispüree
50g Stevia
3 EL Kokosöl, geschmolzen
1 EL Backpulver
1 TL Zimt
1 Messerspitze Muskatnuss
1 Prise Salz
200ml Mandelmilch
150g Mandelmehl
100g Kokosnussmehl
80g glutenfreie Haferflocken
Backform

1. Ofen auf 180 Grad vorheizen.
2. Backform mit Olivenöl einölen.
3. In einer Schüssel warmes Wasser mit Leinsamen vermengen.
4. 5 Minuten ruhen lassen.
5. In einer weiteren Schüsseln Kürbispüree, Stevia, Kokosnussöl, Backpulver, Zimt, Muskat und Salz vermengen.
6. Leinsamenmixtur und Mandelmilch hinzugeben. Gut vermengen.
7. Mandelmehl und Kokosnussmehl mitsamt Haferflocken vermengen.
8. Mehlmixtur zur Püreemixtur hinzugeben und gut vermengen.
9. Fertige Mixtur in Backform geben und eine Stunde backen. Halbe Stunde abkühlen lassen und genießen.

2 Portionen

Zimt-Quinoa-Bowl

Zutaten

170g Quinoa

400ml Wasser

1 TL Zimt

1 Prise Salz

100ml Kokosnussmilch

1. Quinoa ausspülen.
2. Quinoa, Wasser, Zimt und Salz in Kochtopf geben und gut vermengen.
3. Zum Kochen bringen.
4. Sobald es kocht 10 Minuten köcheln lassen.
5. Anschließend von der heißen Herdplatte nehmen und abkühlen lassen.
6. Abgekühltes Gemisch mit Kokosnussmilch beträufeln und genießen.

4 Portionen

Zucchininudeln mit Pesto

Zutaten

Pesto:
50g Basilikum
25g veganer Parmesankäse, zerrieben
120ml Olivenöl
Saft einer Zitrone
40g Walnüsse
3 Knoblauchzehen, zermahlen
1 Prise Salz
1 Prise Pfeffer

Pasta:
300g Zucchini, spiralisiert
2 EL Kokosnussöl

1. Walnüsse in ein wenig Olivenöl anbraten, bis diesen braun werden.
2. Alle Pestozutaten im Mixer mixen.
3. Kokosnussöl erhitzen und danach Zucchini hinzugeben. 5 Minuten darin anbraten, bis diese schön weich sind.
4. Angebratene Zucchini mit der Pestosauce übergießen, gut vermengen und servieren.

Zucchini-Paleo-Hummus

Zutaten

150g Zucchini, geschnitten

4 EL Tahina

Saft zweier Zitronen

6 EL Olivenöl

4 Knoblauchzehen, zermahlen

1 Prise Salz

1. Zucchini, Zitronensaft, Knoblauch, Tahina und 3 EL Olivenöl zu einer einheitliche Masse vermixen.
2. Eine Stunde ruhen lassen.
3. Beim Servieren mit dem restlichen Olivenöl beträufeln.
4. Ideal zu Gemüse oder Beilagenbrot.

Bildquellen/Druckinformationen

Bilder Cover: depositphotos.com;

@ angiolina; @ egal; @ info.jefmilano.com; @ Yulia_von_Eisenstein; @ lenyvavsha; @ Anna_Shepulova; @ Nadianb; @ egal

Druckausgabe Schwarz-Weiß-Taschenbuch:

Amazon Media EU S.à.r.l.

5 Rue Plaetis

L-2338 Luxembourg

Sonstige Druckausgaben:

epubli, ein Service der neopubli GmbH, Berlin

Verlag:

BookRix GmbH & Co. KG

Sonnenstraße 23

80331 München

Deutschland

21394801R00087

Printed in Poland
by Amazon Fulfillment
Poland Sp. z o.o., Wrocław